Carta a una *Iglesia* que *Sufre*

UN OBISPO HABLA SOBRE LA CRISIS DE LOS ABUSOS SEXUALES

OBISPO ROBERT BARRON

Word on Fire, Park Ridge, IL 60068
© 2019 by Word on Fire Catholic Ministries
Impreso en los Estados Unidos de América.

22 21 20 19 1 2 3 4
ISBN: 978-1-943243-49-5

Número de control de la Biblioteca del Congreso: 2019904393
Barron, Robert E.

www.wordonfire.org

Índice

ste libro es un *cri de coeur*, un grito del corazón. He sido católico durante toda mi vida, y también he sido sacerdote durante treinta y tres años, y obispo durante cuatro años. He dedicado mi vida a la Iglesia. Para mí, para millones de católicos, y especialmente para las víctimas-supervivientes, el escándalo de los abusos sexuales ha sido lacerante. He escrito este libro para mis compañeros católicos que, comprensiblemente, se sienten desmoralizados, escandalizados, sumamente enojados, y que también quieren renunciar. En el fondo quiero invitar a mis hermanos y hermanas de la Iglesia a permanecer y luchar — por ellos mismos y por sus familias, pero especialmente por quienes han sufrido tan dolorosamente a manos de hombres perversos—. Evidentemente, también me alegraría si quienes no pertenecen a la Iglesia encontraran un poco de luz en estos capítulos.

Quisiera ser claro desde el principio: no estoy hablando en nombre de mis hermanos, los obispos, ni tampoco en nombre de la Conferencia Episcopal Católica de los Estados Unidos, ni en nombre del Vaticano. No tengo la autoridad para hacerlo. Estoy hablando en nombre propio, como católico, sacerdote y obispo. Ruego para que estas reflexiones alienten a los católicos que hoy en día se esfuerzan por navegar a través de aguas turbulentas.

CAPÍTULO 1

La obra maestra del demonio

*H*a sido una obra maestra diabólica. Me refiero al escándalo que ha asediado a la Iglesia católica durante los últimos treinta años y que sigue haciendo estragos hasta el día de hoy. Cuando estudiaba en el seminario, la moda era concebir al demonio como una especie de símbolo del mal en el mundo, como si se tratara de un pintoresco recurso literario. Pero esta tormenta maligna que ha afectado en todos los sentidos la obra de la Iglesia, arruinando innumerables vidas a su paso, es demasiado ingeniosa como para ser simplemente el resultado de fuerzas impersonales o de artilugios humanos. Parece tan minuciosamente *premeditada*, tan absolutamente intencional. Es cierto que en el flujo ordinario de la historia acontecen cosas terribles, pero este escándalo está exquisitamente *diseñado*. Ha corroído a tal grado la credibilidad católica que ha paralizado las labores de evangelización, de catequesis, de predicación, de atención a los pobres, de reclutamiento de vocaciones y de educación por parte de la Iglesia. Lo más terrible es que los propios miembros de la Iglesia, especialmente los más vulnerables, se han visto forzados a vivir una pesadilla de la que parece imposible despertar. Si la Iglesia tuviera un enemigo personal —y, efectivamente, el demonio es reconocido como el enemigo de la raza humana— es difícil concebir el diseño de un plan mejor.

Al decir esto no insinúo de ningún modo que los seres humanos queden libres de responsabilidad; todo lo contrario. El demonio típicamente actúa a través de sugerencias, insinuaciones, tentaciones y seducciones. En realidad, el demonio es impotente por esencia hasta que dispone de hombres y mujeres que cooperen con él. La mejor descripción visual de esta dinámica la encontramos en el fresco del pintor de inicios del Renacimiento, Luca Signorelli, en la Catedral de Orvieto. Se trata de una escena dramática de la llegada del anticristo. La figura central, cuya apariencia refleja en todo detalle la imagen estereotipada de Cristo, está escuchando atentamente las sugerencias susurradas por el demonio que permanece muy cerca de él. Sólo tras examinar cuidadosamente la imagen se descubre que lo que parecería ser el brazo izquierdo del anticristo es, en realidad, el brazo del demonio que se ha deslizado estremecedoramente a través de las vestimentas del anticristo. ¿A quién pertenece su voz? ¿Y a quién pertenecen sus gestos? Pertenecen tanto al hombre como al demonio. Así es. Y así ha ocurrido durante las últimas décadas en las que el poder de las tinieblas ha realizado su obra gracias a múltiples cooperadores dispuestos.

Cuando exploramos el panorama actual por el que atraviesa la Iglesia recordamos el pasaje sombrío y fascinante del Libro del profeta Jeremías. Tras la devastación de la capital israelita por manos de los babilonios, el escritor sitúa la escena desde dentro y desde fuera de Israel: "Si salgo al campo abierto, veo las víctimas de la espada; si entro en la ciudad, veo los sufrimientos del hambre. Sí, hasta el profeta y el sacerdote recorren el país y no logran comprender" (Jer. 14,18). En los campos destruidos y asolados de hoy día los puntos de referencia han colapsado y hasta los más entendidos han perdido el rumbo. Las estimaciones más conservadoras indican que la Iglesia católica en los Estados Unidos ha desembolsado unos cuatro mil millones de dólares para dar solución a los casos de abuso sexual. Permitamos que esta cifra impacte en nosotros. Cuatro mil millones de dólares que, en gran medida, provienen de donaciones generosas de católicos; cuatro mil millones de dólares que pudieron haber sido utilizados para construir parroquias, escuelas, universidades, hospitales y seminarios; cuatro mil millones de dólares que pudieron haber sido destinados a la educación de niños, a sanar a los enfermos, a la atención de los hambrientos y los vagabundos, a la propagación del Evangelio.

Pero este aspecto de la devastación es relativamente fácil de cuantificar. Lo que es casi imposible de sopesar es la alienación y el sufrimiento tan extensos y profundos que los católicos han experimentado. Pensemos en esto: cada hecho particular de abuso sexual a manos de un sacerdote genera una reacción en cadena extraordinaria que se expande a través de familias, parroquias y comunidades enteras. Podría ser el caso de que sólo un niño hubiera sido abusado, pero su enojo, miedo y vergüenza se extienden hasta madres y padres, tías y tíos, hermanos y hermanas, amigos y compañeros de clase. Pensemos ahora en miles de casos de abuso sexual a manos del clero y la influencia enfermiza derivada de cada uno de estos casos. La podredumbre se ha diseminado hasta alcanzar prácticamente cada célula y cada molécula del Cuerpo Místico de Cristo.

El hecho de que sean sacerdotes quienes perpetraron este abuso es particularmente deplorable. De acuerdo con una teología católica sólida, los sacerdotes desde antaño no son considerados por los fieles como meros ministros o predicadores, sino como figuras sagradas, conformadas de un modo único a Cristo a través de su ordenación sacerdotal. La palabra castellana *sacerdote* significa precisamente "el santo". El padre Raniero Cantalamessa, predicador del papa, ha afirmado que, dada esta identidad tan única, para muchos católicos la sonrisa de un sacerdote es la sonrisa del propio Dios; las palabras consoladoras de un sacerdote son las palabras consoladoras que salen de la propia boca de Dios. Trágicamente, se sigue esta misma lógica cuando los sacerdotes abusan. Un niño o un adolescente que ha sido abusado sexualmente por un sacerdote se sentirá violado por el propio Dios, se sentirá agredido por aquel del que esperaba el mayor consuelo y la mayor paz. El efecto explosivo de esta disonancia cognitiva en las mentes y almas de los abusados es sobrecogedor. Ha dado lugar a un sufrimiento que sólo puede ser caracterizado como un sufrimiento metafísico: el propio Creador del mundo se ha convertido en su enemigo.

En agosto de 2018, el fiscal general de Pensilvania publicó un reporte sobre los casos de abuso sexual a menores a manos de los clérigos en dicho Estado, y que abarcaba aproximadamente los últimos setenta años. El número de sacerdotes abusadores ya es de suyo deprimente (alrededor de 300 sacerdotes y 1,000 víctimas), pero los detalles de estos casos indignaron a la Iglesia y, de hecho, a todo el país. Un grupo de sacerdotes en la diócesis de Pittsburgh actuaron como un círculo de depredadores, identificando a candidatos potenciales para ser abusados, compartiendo entre ellos esta información. Entonces tomaban fotos instantáneas de los niños; llegando incluso a hacer que un joven se desnudara y se subiera en la cama posando como Jesús crucificado. Si algunos niños les parecían particularmente atractivos, colgaban de sus cuellos cruces doradas para indicar a otros sacerdotes pedófilos que estos niños estaban disponibles. Otro sacerdote violó a una niña en el hospital, justo después de que se le hubieran removido las amígdalas. Otro violó a una niña, la embarazó, y luego dispuso todo para que abortara. Un sacerdote de Pittsburgh daba drogas, dinero y alcohol a niños de la calle a cambio de sexo. Y mientras se cometían todos estos crímenes, los sacerdotes en cuestión solían ser extraídos de las parroquias o instituciones donde se hubiera originado la queja, para luego ser reasignados en algún otro lugar de la diócesis, nuevamente libres para abusar. Como ha quedado bien asentado, este patrón de abuso, reasignación y encubrimiento se repitió una y otra vez a través del mundo católico, alimentando la frustración masiva de las partes ofendidas.

En aquel mismo verano terrible de 2018, se reveló que el entonces cardenal Theodore McCarrick, arzobispo retirado de Washington DC, había sido un abusador serial a lo largo de su carrera clerical. El caso con el que se develó la historia fue el de un joven monaguillo al que McCarrick, en aquel entonces sacerdote de la arquidiócesis de Nueva York, abusó sexualmente en la sacristía de la Catedral de San Patricio justo antes de la Misa de Gallo mientras el niño se revestía para la liturgia. Sin embargo, conforme más y más víctimas se manifestaron, fue evidente que el cardenal, en sus diversos puestos como obispo y como arzobispo, había estado cazando especialmente a los seminaristas, aquellos jóvenes sobre los que ejercía un control casi absoluto. Su táctica favorita era invitar a quienes le parecían atractivos a su casa de playa en Nueva Jersey, siempre teniendo la precaución de invitar a un estudiante de más respecto al número de camas que tenía la casa, forzando así a uno de ellos a dormir con él. Una de sus víctimas relata una historia particularmente enfermiza sobre cómo McCarrick le observaba mientras se ponía el traje de baño, y cómo posteriormente, ya en la playa, metía la mano bajo el traje de baño del seminarista. Si cualquiera se pregunta por qué estos jóvenes no se resistían, no huían o golpeaban al cardenal en el rostro, hay que recordar que estas víctimas anhelaban —más que nada en el mundo— convertirse en sacerdotes, y que McCarrick tenía el poder absoluto para determinar si ese sueño se realizaría o no. Y, hasta donde sabían, se trataba de la máxima autoridad religiosa en sus vidas. ¿A quién podían dirigir sus quejas? ¿Al nuncio apostólico, al embajador norteamericano del papa? Incluso si hubieran sabido sobre la existencia de esta persona, probablemente hubieran tenido miedo de acercarse, presuponiendo que no se les creería o que serían castigados por semejante acusación. En resumen, se trataba de una situación parecida a la que algunos actores y actrices jóvenes han vivido con los jefes abusivos de sus estudios: la enorme diferencia de poder permitió al agresor obtener lo que quería, manteniendo a su vez a las víctimas calladas.

Mientras obispo tras obispo reasignaban silenciosamente a los clérigos abusadores de parroquia en parroquia por todo el país, aparentemente numerosos obispos, arzobispos y cardenales tanto del país como del Vaticano tenían pleno conocimiento de la escandalosa conducta de McCarrick y no hicieron nada al respecto; o, aún peor, continuaron ascendiéndolo a través de la escala eclesiástica, pasando de obispo auxiliar a convertirse en obispo de una diócesis, para luego ser arzobispo hasta finalmente convertirse en cardenal. Incluso tras renunciar a su puesto en Washington DC (inmediatamente después de cumplir los setenta y cinco años de edad, aparentemente por indicación del papa Benedicto XVI), McCarrick continuó siendo un embajador itinerante de la Iglesia y una figura influyente en la jerarquía estadounidense —aunque, nuevamente, todos sabían sobre sus terribles tendencias abusivas—. El típico católico estadounidense podría ser disculpado por pensar que una conspiración de silencio y una profunda corrupción rige la vida institucional de la Iglesia.

Sólo unos días antes de escribir estas palabras, uno de los comediantes más populares de los Estados Unidos, criado como católico, participó en el programa de *Saturday Night Live*. En su monólogo explicó que su madre le preguntaba si algún día su esposa judía se convertiría a la fe católica. El auditorio inmediatamente rompió a reír a carcajadas anticipando su respuesta. Volteó a ver a la cámara y dijo: "¿Pueden imaginarse a alguien que *voluntariamente* quisiera hacerse católico?". Mientras veía a la muchedumbre riéndose y aplaudiendo escandalosamente, caí en la cuenta de que las cosas se han puesto tan mal que el comediante no tuvo que decir mucho más ni dar explicaciones para que la gente se riera. Simplemente se da por hecho que el catolicismo es retorcido y disfuncional. Digo esto con gran pesar, como católico de toda la vida y como obispo de la Iglesia: ¿podemos culparles totalmente por asumir esto?

Como obispo auxiliar de Los Ángeles, suelo visitar a los parroquianos de mi región pastoral. Tras salir a la luz las revelaciones de McCarrick y el reporte de Pensilvania, mientras me movía entre el pueblo de Dios, evidentemente fui confrontado por el enojo, pero con lo que más frecuentemente me enfrentaba era con las lágrimas. Cuando estaba en el vestíbulo de las iglesias tras la Misa, ataviado con todos los ropajes litúrgicos del obispo, servía como un símbolo bastante efectivo del catolicismo, y la gente reaccionaba ante mí y se dirigía a mí como tal. Entre sus duras palabras y sus lágrimas todavía más amargas podía sentir, al mismo tiempo, un profundo amor por la Iglesia y una desilusión prácticamente insondable ante ella. Lo más mortificante de la situación de McCarrick fue que los católicos habían escuchado desde 2002 que se habían puesto en marcha protocolos y reformas para prevenir que los abusos continuaran. Actualmente se han puesto en marcha cambios reales y sustantivos que han resultado en cambios significativos (hablaré más al respecto después); sin embargo, entiendo la frustración y la vergüenza. Después de la caída de McCarrick muchos, muchos parroquianos me dijeron que nuevamente sentían vergüenza de admitir en público que eran católicos. Justo cuando pensaron que habían llegado al mayor grado de humillación, el piso se desmoronó nuevamente. Otra vez quisiera enfatizar que la frustración, la angustia y la furia están arraigadas a un profundo amor por la Iglesia y lo que ésta representa. Si las personas no creyeran a nivel fundamental en la Iglesia, entonces no estarían tan enojadas ni sentirían tanto dolor por esta traición desastrosa y continua.

Llevo años rastreando el fenómeno de los "ningunos", es decir, quienes no están afiliados a ninguna religión, aquellos que simplemente han optado por no identificarse con ninguna tradición religiosa. A inicios de los setenta, alrededor del 5% de los norteamericanos se identificaba como carente de una religión. Hacia inicios de los noventa, esta cifra creció levemente hasta un 6%, pero seguía indicando un número relativamente pequeño de personas. Sin embargo, hoy en día el porcentaje de personas sin afiliación religiosa en Estados Unidos ¡es del 25%! Un cuarto de los norteamericanos no se identifica con ninguna religión. Estas cifras son todavía más sorprendentes si sólo nos enfocamos en los más jóvenes. El porcentaje de los "ningunos" por debajo de los treinta años llega hasta un 40%, y entre los jóvenes católicos, esta cifra alcanza un increíble 50%. Los estudios también indican que por cada persona que se une a la Iglesia católica, aproximadamente seis están abandonando su catolicismo. Evidentemente, existen múltiples causas que explican este incremento dramático de desafiliación, especialmente entre los católicos, pero todas las encuestas demuestran claramente, y no debería sorprendernos, que los escándalos de los clérigos han contribuido significativamente a la pérdida de confianza en la Iglesia. Estoy igualmente preocupado por estos ejércitos de jóvenes que simplemente están abandonando la Iglesia como por aquellos que, con lágrimas de rabia, permanecen en ella. Respecto al segundo grupo, puedo apelar al afecto que aún permanece. Sin embargo, en cuanto al primer grupo, es mucho más difícil encontrar un punto de apoyo.

Comprensiblemente, muchos católicos se preguntan "¿debería permanecer?, ¿por qué no abandonar este barco que se está hundiendo antes de que me arrastre a mí o a mi familia?". Estoy convencido de que este no es momento de irse, sino de permanecer y luchar. Las Escrituras arrojan mucha luz sobre nuestra situación actual; ya hemos estado aquí en nuestra historia, y hemos sobrevivido; todo lo que amamos de la Iglesia sigue presente y vale la pena defenderlo; hay un camino a seguir. Si quieren seguir leyendo, intentaré defender brevemente cada una de estas afirmaciones.

¿Ha sido esta explosión de maldad la obra maestra del demonio? Sí. Pero Jesús dijo que las puertas del infierno no prevalecerían sobre la Iglesia. ¿Parecería que los poderes de las tinieblas han triunfado? Quizá. Pero el Señor nos prometió que nunca nos abandonaría, hasta el final de los tiempos. Por eso no deberíamos abandonar la esperanza.

CAPÍTULO 2

La luz de las Escrituras

*D*ios sabe que esta terrible crisis ha sido analizada desde numerosas perspectivas, a nivel psicológico, interpersonal, criminal, cultural, etc. Si bien todos estos caminos son válidos y esclarecedores, el problema no será investigado de manera adecuada a menos que sea visto desde la luz que proviene de la Palabra de Dios. La Biblia tiene mucho que decir sobre la sexualidad humana, tanto sobre lo que supuestamente sería el plan de Dios para esta, así como sobre toda la gama de modos en que el pecado deforma y distorsiona la sexualidad. La Biblia no se opone en lo absoluto a lo corporal ni al sexo. De hecho, en contra de cualquier forma de dualismo, la Biblia insiste en que todo lo que Dios ha creado es bueno —desde las estrellas, hasta los animales y los insectos—. Asimismo, el primer mandamiento que Dios indicó a los seres humanos en el Jardín del Edén fue que fueran fecundos y se multiplicaran. De igual modo, siempre que Dios establece una alianza con su pueblo elegido también la sella, por así decirlo, ordenando que vayan y tengan una gran descendencia. El matrimonio es usado en las Escrituras como una metáfora básica que refleja el amor apasionado, fiel y dador de vida que Dios tiene por su pueblo Israel. En una palabra, el sexo no es un problema sino, más bien, es una especie de sacramento.

En nuestra lectura bíblica observamos cómo surgen problemas cuando el sexo ocurre fuera del contexto del amor, y es utilizado como un medio de dominio o de manipulación. De acuerdo con el antiguo adagio *corruptio optimi pessima* (la corrupción de los mejores es la peor), la sexualidad distorsionada se convierte en un signo contrario a lo divino. Los autores sagrados ofrecen una serie de ejemplos sobre qué apariencia adquiere este sentido contrario.

En primer lugar, me gustaría detenerme en la historia extraña pero esclarecedora de los capítulos dieciocho y diecinueve del Libro del Génesis, donde se narra la visita angélica al patriarca Abraham y su inquietante desenlace. Ahí se nos dice que el Señor se le apareció a Abraham a través de la mediación de tres figuras angélicas. Tras ser recibidos y atendidos por el patriarca, los visitantes predijeron que, a pesar de su avanzada edad, Abraham y Sara tendrían un hijo al siguiente año. Sara, al escuchar casualmente la conversación, se ríe porque le parece absurda la sugerencia de que ella y su esposo todavía puedan experimentar "placer sexual", pero el Señor reprende a Abraham diciendo: "¿Por qué se ha reído Sara, pensando que no podrá dar a luz, siendo tan vieja? ¿Acaso hay algo imposible para el Señor?" (Gén. 18,13-14). Evidentemente, lo maravilloso aquí no es simplemente que una anciana pudiera tener un hijo, sino que la promesa hecha a Abraham —a saber, que sería el padre de una gran nación— estaba a punto de cumplirse, contra toda expectativa. El señorío de Dios, la fiel cooperación humana, la consumación de las alianzas, la reproducción, la risa, e incluso el placer sexual, están todos reunidos en un mismo relato, siguiendo el estilo típicamente israelita.

Por eso resulta tremendamente aleccionador el análisis de las historias de perversión y mala conducta que aparecen inmediatamente después de esta historia, pues muestran el rechazo del plan de Dios para la sexualidad humana. Al comienzo del capítulo diecinueve del Génesis, leemos que los ángeles que habían visitado a Abraham se dirigieron a la ciudad de Sodoma, el hogar del sobrino de Abraham, Lot. Tras disfrutar de una comida en la casa de Lot, los ángeles son rodeados por un grupo de hombres tremendamente agresivos y lujuriosos —de hecho, se indica que eran *todos* los hombres de aquel lugar, desde el más joven hasta el más viejo—. Sin dudarlo y sin la menor muestra de vergüenza, comunican sus intenciones: "¿Dónde están esos hombres que vinieron a tu casa esta noche? Tráelos afuera para que tengamos relaciones con ellos" (Gén. 19,5). La violación grupal que se está proponiendo —violenta, impersonal, egoísta e infértil— es precisamente lo opuesto a lo que Dios desea para la sexualidad humana. La imagen de Dios ha desaparecido casi por completo en estos hombres salvajes de Sodoma.

La narración se vuelve incluso más desconcertante si observamos la reacción de Lot. El sobrino de Abraham reacciona primero de un modo prometedor, diciendo: "Amigos, les suplico que no cometan esa ruindad". Pero inmediatamente les propone una solución indignante: "Tengo dos hijas que todavía son vírgenes. Se las traeré, y ustedes podrán hacer con ellas lo que mejor les parezca"

(Gén. 19,7-8). Con tal de evadir un asalto sexual brutal, ofrece a sus propias hijas vírgenes para una violación grupal violenta. ¿Podemos acaso imaginarnos un escenario más destructivo de la intención del Creador para el sexo? Los encolerizados hombres de Sodoma rechazan la oferta, y empujan a Lot contra la puerta de su casa. Es entonces que los ángeles intervienen, metiendo a Lot en la casa y dejando ciegos a los hombres de la muchedumbre. Esta intervención dramática no debería interpretarse simplemente como si la narración hubiera dado un giro inesperado sino, más bien, como una comunicación simbólica de la dinámica espiritual. Los hombres de Sodoma, denigrados moralmente hasta convertirse en una manada de animales, permanecen ciegos ante cualquiera de las dimensiones más profundas de la sexualidad y de la comunidad humana. Leemos que Dios, como respuesta a la disfunción polimorfa en la ciudad, hace llover fuego y azufre sobre Sodoma. Nunca deberíamos interpretar el castigo divino en la Biblia como algo arbitrario o como una respuesta exaltada ante una ofensa; más bien, deberíamos entenderlo como una especie de física espiritual, en la que Dios permite que surjan las consecuencias naturales del pecado.

Tras la destrucción de Sodoma y Gomorra, leemos que Lot y sus hijas huyen a los campos montañosos que rodeaban la ciudad, y se refugian en una cueva. La hija mayor de Lot reflexiona sobre la destrucción de la ciudad, y sugiere a la hija menor que, dado que todos los hombres han sido aniquilados, deberían tener relaciones con su padre para poder tener hijos. A continuación, embriagan a su padre durante noches consecutivas y se acuestan con él, hasta que a través de estas relaciones incestuosas ambas logran quedar embarazadas. De ellas surgirán los moabitas y los amonitas, dos tribus que con el paso del tiempo se convertirían en enemigos de Israel. Es imposible no percatarse de la conexión entre el desconcertante abuso psicológico y sexual al que estas jóvenes se vieron sometidas —cuando su propio padre las ofreció a una muchedumbre violenta— y el modo en que ellas mismas posteriormente abusaron de Lot. Y, hoy en día, ¿no hemos sido acaso testigos una y otra vez de la dinámica tristemente familiar en la que el abuso sexual deriva en otros abusos sexuales, la dinámica del pecado transmitido como un contagio de generación en generación? El que esta perversión sexual haya ocurrido en una cueva, en un lugar habitado por animales y hombres primitivos, revela nuevamente que la *imago Dei* ha quedado totalmente desdibujada. A su vez, el hecho de que estas uniones perversas hayan sido el origen de dos de los pueblos más opuestos a Israel, apunta a que lo ocurrido entre Lot y sus hijas es totalmente contrario al propósito de Dios.

La historia de Elí y sus hijos, narrada en el primer Libro de Samuel, constituye una inquietante y precisa anticipación de muchos de los rasgos que acompañan al actual escándalo de abusos sexuales a manos de clérigos. La primera imagen que se nos ofrece de Elí, sumo sacerdote de Siló, no es nada edificante. Exhibiendo una absoluta falta de sensibilidad pastoral, Elí reprende a la angustiada Ana, quien ha estado orando en voz alta en el lugar sagrado, rogando a Dios por un hijo: "¿Hasta cuándo estarás borracha? A ver si se te pasa el efecto del vino" (1 Sam. 1,14). Luego leemos sobre los hijos de Elí, Ofni y Finees, quienes al igual que su padre eran sacerdotes, aunque perversos, pues no tenían respeto ni por Dios ni por el pueblo. Se nos indica que se apropiaban de lo mejor de la carne ofrecida piadosamente por los suplicantes de Siló, y que abusaban sexualmente de las mujeres que trabajaban a la entrada de la tienda del encuentro. Las víctimas de estos abusos dirigían sus quejas a Elí, y el sumo sacerdote reprendía a sus hijos con duras palabras: "No, hijos míos, no es nada bueno el rumor que se hace correr entre el pueblo del Señor. Si un hombre peca contra otro hombre, Dios interviene como árbitro; pero si un hombre peca contra el Señor, ¿quién puede interceder por él?" (1 Sam. 2,24-25). Pero Ofni y Finees ignoraron la advertencia de su padre y persistieron en sus fechorías, y aparentemente Elí no hizo nada más para detener a sus hijos.

Hemos de tener en cuenta este escenario cuando leemos la famosa y conmovedora historia del Señor llamando a Samuel, el hijo por el que Ana había rogado al Señor, y a quien luego ofreció para que sirviera en el Templo. Leemos que "la palabra del Señor era rara en aquellos días, y la visión no era frecuente" (1 Sam. 3,1). Podríamos preguntarnos si esto se debía a que el Señor se rehusaba a hablar, o bien, si esto era así por la ceguera y corrupción del liderazgo espiritual de la nación. Dios llama a

Samuel durante la noche, pero ni el muchacho ni su padre espiritual comprenden la naturaleza del llamado. Sólo tras varias salidas en falso, Elí da a Samuel la instrucción correcta: "Ve a acostarte, y si alguien te llama, tú dirás: Habla, Señor, porque tu servidor escucha" (1 Sam. 3,9). Éste es el punto en el que acaba la narración en el leccionario, y por esta razón la mayoría de los católicos no conocen las devastadoras palabras que el Señor dirige finalmente al joven Samuel: "Mira, voy a hacer una cosa en Israel, que a todo el que la oiga le zumbarán los oídos. Aquel día, realizaré contra Elí todo lo que dije acerca de su casa, desde el comienzo hasta el fin" (1 Sam. 3,11-12). Y Dios especifica precisamente por qué su castigo será tan severo: "Yo le anuncio que condeno a su casa para siempre a causa de su iniquidad, porque él sabía que sus hijos maldecían a Dios, y no los reprendió" (1 Sam. 3,13). En pocas palabras, lo que generó la ira divina no fueron particularmente los crímenes de Ofni y Finees, sino el hecho de que Elí no actuara cuando ya estaba al tanto de sus crímenes.

Justo después de esta inquietante revelación, los filisteos entraron en batalla con Israel, y el resultado fue un absoluto desastre. Después de que cuatro mil israelitas fueran aniquilados en el primer embate, el ejército se reagrupó y decidió llevar el Arca de la Alianza a la batalla. A pesar de la presencia de este talismán del Dios que había sacado a Israel de Egipto, los filisteos lograron una victoria decisiva, matando a treinta mil israelitas, entre ellos a Ofni y a Finees, y tomaron el Arca como botín. Cuando estas noticias de la catástrofe llegaron a oídos de Elí, el viejo sacerdote estaba sentado a las puertas de Siló. Quedó tan abrumado que cayó de espaldas y se rompió el cuello, dando con su muerte fin a toda su familia —como el Señor había predicho—.

Ahora bien, ¿hay algo en esta historia que nos resulte familiar? Escuchamos sobre sacerdotes que abusan de su gente financiera y sexualmente; por su parte, sus superiores reciben los reclamos, y estos pronuncian palabras duras y prometen que llevarán a cabo acciones decisivas, aunque en realidad, no hacen nada para detener el abuso. El resultado de estos dos errores es un desastre y una enorme vergüenza para todo el pueblo, pues están siendo entregados a sus enemigos. Quiero sugerir que la historia de Elí y de sus hijos representa un icono bíblico casi perfecto del escándalo de abusos sexuales acontecido durante los últimos treinta años. Cuando los problemas parecían haber llegado al tope, a inicios de los años 2000, muchos católicos en los Estados Unidos quedaron consternados ante el claro anti-catolicismo mostrado por muchos periódicos, publicaciones y estaciones televisivas que cubrieron el escándalo. Quienes contaban con un marco de referencia bíblico no deberían haberse sorprendido: la nueva Israel de la Iglesia había sido entregada a sus enemigos, precisamente para ser purificada.

La siempre fascinante y psicológicamente compleja historia de David y Betsabé, relatada en los capítulos once y doce del segundo Libro de Samuel, ha hechizado a artistas, poetas y escritores espirituales durante siglos. Se trata de una de las narraciones más sensibles y sutiles que ha llegado hasta nosotros del mundo antiguo, y que arroja mucha luz sobre nuestro tema.

Vale la pena revisar con atención el inicio de la historia: "Al comienzo del año, en la época en que los reyes salen de campaña (...) David permanecía en Jerusalén" (2 Sam. 11,1). David era el mayor guerrero de Israel: nunca se acobardaba en una contienda, siempre se colocaba al frente de su ejército, ávido de realizar las misiones más peligrosas. Pero, entonces, ¿por qué ha permanecido ahora en casa, precisamente en la época del año en la que es típico que los reyes salgan a guerrear? Justo en el siguiente versículo descubrimos una clave para entender la reticencia de David: "Una tarde, después que se levantó de la siesta, David se puso a caminar por la azotea del palacio real" (2 Sam. 11,2). Es cierto que la gente del Mediterráneo suele tomar una siesta después del almuerzo de mediodía, pero lo interesante aquí es que el rey se levantó *en la tarde*, lo que implica que había permanecido largo rato en su cama. Aunque de manera lacónica, el autor está esbozando el retrato de un rey letárgico, un líder militar que se había vuelto un tanto indulgente e indiferente. En su máximo esplendor espiritual, David siempre preguntaba a Dios qué debía hacer, incluso en las tareas más nimias; sin embargo, durante toda la narración de Betsabé, David nunca busca el consejo de Dios. Más bien, es David mismo quien establece la dirección. Desde este punto de vista semejante al divino, desde la azotea de su palacio, David puede ver en todas las direcciones, y también puede dar órdenes según su capricho. Y es justo desde esta perspectiva que sus ojos se encuentran con la hermosa Bestsabé, esposa de Urías el hitita, y a través de una serie de órdenes rápidas y entrecortadas, David acaba haciéndose de ella. El autor bíblico también es consciente de la cooperación de Betsabé en este amorío —¿podría estarse bañando ahí justo para ser fácilmente vista por el rey?—, aunque parece estar especialmente interesado en el modo hábil y perverso en que el rey ejerce su poder para manipular a otro.

Tras quedar Betsabé embarazada, David intenta esconder su pecado usando todos los medios a su disposición, y juega cruelmente con Urías, el justo, que a pesar de ser un extranjero, ha demostrado ser más fiel a las leyes de Israel que el propio rey de Israel. Finalmente, David dispone todo para desencadenar la muerte de Urías, rebajándose tanto que incluso hace que el mismo Urías entregue inadvertidamente su propia orden de ejecución a Joab, comandante del campo de batalla. El asesinato de Urías permitió a David tomar a Betsabé por esposa y ocultar definitivamente su pecado, aunque leemos que "lo que había hecho David desagradó al Señor" (2 Sam. 11,27). Una y otra vez las Escrituras insisten en que cualquier poder humano se sostiene de y proviene de una soberanía divina más fundamental. No importa cuán grande sea la autoridad que un ser humano tenga, no puede escapar de la vigilancia moral y las sanciones divinas. Éste es el sentido del recordatorio que Jesús hiciera a Pilato, el representante de la institución política más poderosa de su tiempo, cuando dijo: "Tú no tendrías sobre mí ninguna autoridad, si no la hubieras recibido de lo alto" (Jn. 19,11). Sumergido en su pereza, en su autocomplacencia, en su manipulación y en su crueldad, David aquí se nos presenta como un icono del abuso del poder.

Después de este breve recorrido a través de algunas narraciones del Antiguo Testamento, ahora me gustaría concluir esta sección bíblica dirigiendo la atención a Jesús y su relación con los niños. El capítulo decimoctavo del Evangelio de Mateo abre con una meditación hermosa e incisiva sobre la importancia espiritual de los niños y la actitud que Jesús tenía hacia ellos. Exhibiendo una vez más su tendencia habitual a no entender del todo, el grupo de los discípulos abordó a Jesús con una pregunta: "¿Quién es el más grande en el Reino de los Cielos?" (Mt. 18,1). Evidentemente, su pregunta nace de una conciencia falsa o caída, de su preocupación por el honor y el poder mundanos. Como respuesta, Jesús llama a un niño para que se acerque y lo coloca en medio de ellos —es decir, en el foco de atención, al centro—. Al situar al niño de esta manera, interrumpe físicamente su competición por lugares de honor y por recibir atención. Con su inocencia y humildad, el niño ejemplifica lo que los maestros espirituales llaman el verdadero yo, que es capaz de relacionarse simple y directamente con la realidad. Este verdadero yo es opuesto al falso yo, tan recubierto de preocupaciones por el honor que sólo llega a contactar la realidad con dificultad, a través de una especie de barrera. Aunque los niños no tardan en adquirir las cualidades del falso yo, los niños pequeños suelen ejemplificar esta agudeza espiritual precisamente por su capacidad para dejarse cautivar por un juego, por una conversación, o por el hermoso y mero hecho de las cosas más simples.

En el mundo antiguo usualmente se tomaba como modelo a figuras distinguidas: comandantes militares, líderes religiosos, potentados políticos, etc. Pero Jesús aquí le da la vuelta a esta tradición, colocando en el lugar de honor a una figura carente de prominencia social, sin influencia ni conexiones. Dentro del marco social estándar de su tiempo, se esperaba que los niños se quedaran callados, y se asumía que los poderosos podían manipularlos a voluntad. Jesús revierte todo esto, identificando como ejemplo máximo a quienes eran socialmente despreciables. En efecto, para quienes han transitado del falso yo al verdadero yo, el propio significado de la grandeza se ha transformado: "Por lo tanto, el que se haga pequeño como este niño, será el más grande en el Reino de los Cielos" (Mt. 18,4).

A continuación, encontramos un comentario que encierra un rico significado teológico: "El que recibe a uno de estos pequeños en mi nombre, me recibe a mí mismo" (Mt. 18,5). En el segundo capítulo de la Carta a los Filipenses encontramos el exquisito himno que Pablo ha adaptado para sus propósitos. Comienza evocando la cualidad de anonadamiento del Hijo de Dios: "Él, que era de condición divina, no consideró esta igualdad con

Dios como algo que debía guardar celosamente: al contrario, se anonadó a sí mismo, tomando la condición de servidor y haciéndose semejante a los hombres. Y presentándose con aspecto humano, se humilló hasta aceptar por obediencia la muerte y muerte de cruz" (Fil. 2,6-8). En pocas palabras, el niño —humilde, simple, modesto— opera aquí como una especie de representación icónica del Niño divino del Padre divino. La vía para acceder a Jesús es, por tanto, entrar en el espacio espiritual de un niño, "aceptarlo" en el sentido más pleno. Esta verdad se torna especialmente clara en la versión que Marcos nos ofrece de esta escena. Cuando los discípulos discutían entre sí sobre cuál de ellos era el mayor, Jesús dijo: "El que quiera ser el primero, debe hacerse el último de todos y el servidor de todos" (Mc. 9,35). Entonces tomó a un niño y, con un gesto irresistiblemente conmovedor, colocó sus brazos a su alrededor, simultáneamente abrazándolo, protegiéndolo, y ofreciéndolo como ejemplo. La clara implicación de esto sería que no aceptar, no proteger o no amar a un niño —o, lo que es peor, activamente hacerle daño— impediría el contacto real con Jesús.

Ahora cobra sentido por qué es tan vehemente la afirmación que aparece justo a continuación: "Pero si alguien escandaliza a uno de estos pequeños que creen en mí, sería preferible para él que le ataran al cuello una piedra de moler y lo hundieran en el fondo del mar" (Mt. 18,6). Notemos que estas palabras han sido pronunciadas por el propio Jesús que, tan sólo unos cuantos capítulos atrás, ¡nos ha exhortado a amar a nuestros enemigos! Ni por un instante considero que Jesús haya repudiado la primera enseñanza sino, más bien, creo que lo que Jesús está haciendo en realidad es enfatizar la extraordinaria gravedad de la ofensa. Ningún otro pecado —ni la hipocresía, ni el adulterio, ni la indiferencia ante los pobres— es condenado por Jesús con tanta pasión: "¡Ay del mundo a causa de los escándalos! Es inevitable que existan pero ¡ay de aquel que los causa! Si tu mano o tu pie son para ti ocasión de pecado, córtalos y arrójalos lejos de ti, porque más te vale entrar en la Vida manco o lisiado, que ser arrojado con tus dos manos o tus pies en el fuego eterno. Y si tu ojo es para ti ocasión de pecado, arráncalo y tíralo lejos, porque más te vale entrar con un solo ojo en la Vida, que ser arrojado con tus dos ojos en la Gehena del fuego"

(Mt. 18,7-9). No puede ser meramente accidental que Jesús mencione la Gehena en el contexto de condenar a aquellos que atacan a niños, pues la Gehena era donde, durante gran parte del periodo del Antiguo Testamento, los niños eran sacrificados para los ídolos.

Esta extraordinaria sección concluye evocando a los ángeles: "Cuídense de despreciar a cualquiera de estos pequeños, porque les aseguro que sus ángeles en el cielo están constantemente en presencia de mi Padre celestial" (Mt. 18,10). Esto es mucho más que una mera decoración piadosa. El abuso de los niños es producto de hacer de los niños objetos, convirtiéndolos, como hemos visto, en simples medios. Al recordar a los que lo escuchan que cada niño tiene asignado un guía sobrenatural que, por su parte, está íntimamente conectado con Dios, Jesús insiste en la dignidad incomparable de quienes la sociedad —de aquel entonces y de ahora— fácilmente desestima o menosprecia. La tragedia central del escándalo de los abusos sexuales es esta: quienes fueron ordenados para actuar en la propia persona de Cristo se convirtieron, del modo más terrible, en obstáculos para llegar a Cristo.

CAPÍTULO 3

Ya hemos estado aquí

*N*o cabe duda de que la crisis por la que atravesamos actualmente posee unas notas características. Resulta particularmente retorcida y enfermiza, precisamente por la gran escala del abuso de jóvenes por hombres que, a partir de su ordenación, debían haber estado conformados de un modo especial a Cristo. También afirmaría que, en efecto, se trata del momento más obscuro en la historia de la Iglesia de los Estados Unidos, rebasando por mucho la persecución agresiva que los católicos sufrieron durante el siglo XIX. Al mismo tiempo, quiero insistir en que esta obscuridad actual debería ser entendida desde una perspectiva histórica. La Iglesia, desde su propio comienzo y en cada punto de su desarrollo, ha estado marcada por diferentes grados de pecado, escándalo, estupidez, mala conducta, desgracias y perversión. Por ejemplo, Pablo, refiriéndose a la disfunción presente entre las primeras comunidades

41

cristianas, dijo algo iluminador en aquel entonces y hasta nuestros días: "pero nosotros llevamos ese tesoro en recipientes de barro" (2 Cor. 4,7). El tesoro al que se refiere es la gracia de Cristo, la vida que hemos recibido a través de la muerte y resurrección de Jesús, mientras que los recipientes somos personas tremendamente imperfectas, frágiles y de dudosa moralidad que hemos recibido esa gracia y que anhelamos vivir esa nueva vida.

Mil ochocientos años después de Pablo, John Henry Newman, una de las mentes teológicas más agudas de la tradición, hizo una observación más bien sorprendente y radical: "Todo en el transcurso del cristianismo, desde sus inicios…, no ha sido sino una serie de problemas y desórdenes. Cada siglo es como los anteriores y, quienes lo viven, consideran que el que les ha tocado es peor que todos los tiempos pasados. La Iglesia siempre está enferma…, la religión siempre parece expirar, los cismas dominan, la luz de la Verdad es tenue, sus fieles se han dispersado. La causa de Cristo siempre está en su última agonía".

Y si pensáramos que la corrupción de los sacerdotes y de los obispos solo corresponde a nuestra época, deberíamos recordar una de las respuestas más ingeniosas en la historia de la Iglesia. Se dice que el emperador Napoleón se enfrentó con el cardenal Consalvi, el secretario de Estado del papa Pío VII, afirmando que él, Napoleón, destruiría la Iglesia, a lo que el cardenal respondió hábilmente: "Oh, pequeño hombre, ¿crees que lograrás lo que siglos de sacerdotes y obispos se han esforzado por lograr sin éxito?". En la misma línea, el escritor católico de inicios del siglo XX, Hilaire Belloc, hizo una observación más bien ácida con referencia a la calidad moral e intelectual del liderazgo de la Iglesia: "La Iglesia católica es una institución que estoy obligado a tener por divina, pero para los escépticos, una prueba de su divinidad puede encontrarse en el hecho de que ninguna institución meramente humana dirigida con tan artera imbecilidad habría durado un par de semanas".

Cuando estudiaba mi primer año en el seminario tomé un curso de historia de la Iglesia, impartido por un sacerdote legendario de Chicago, monseñor Charles Meyer. Naturalmente, monseñor Meyer expuso los eventos claves, las fechas cruciales, y los personajes heroicos de dos mil años de la vida de la Iglesia, pero exhibía un gusto particular y ligeramente diabólico cuando narraba las numerosas fechorías y los escandalosos pecados de sacerdotes, obispos y papas. He de admitir que al inicio a muchos de nosotros esta letanía de crímenes nos escandalizaba, pero finalmente pude aceptar el curso de monseñor Meyer como una verdadera gracia, no por ello menos extraña. El hecho de escuchar estas historias obscuras era como recibir una vacuna. Habiendo sido expuestos a lo peor de la historia de la Iglesia, podíamos ahora comprender con mayor claridad que, a pesar de todo, siempre permanece algo bueno, algo indestructible sobre el Cuerpo Místico de Cristo. Así, estábamos mejor preparados para no desilusionarnos con el proyecto. Mi propósito al escribir este capítulo es precisamente que sirva como una "inmunización".

En los Hechos de los Apóstoles encontramos una descripción idílica de la Iglesia primitiva. Se nos dice que los primeros seguidores de Jesús oraban y servían a los pobres, y que cada miembro de la comunidad ponía sus bienes a disposición de los Apóstoles para beneficiar a los más necesitados. Sin embargo, los problemas no tardaron en aparecer. En su primera carta a la diminuta familia cristiana que había fundado en Corinto, san Pablo reprendió a la Iglesia por las facciones y divisiones que ya habían surgido: "Porque los de la familia de Cloe me han contado que hay discordias entre ustedes. (...) ¿Acaso Cristo está dividido?" (1 Cor. 1,11.13). Descubrimos algo semejante en su Carta a los Romanos: "Les ruego, hermanos, que se cuiden de los que provocan disensiones y escándalos, contrariamente a la enseñanza que ustedes han recibido" (Rom. 16,17). También en los textos cristianos más tempranos leemos acerca de las malas conductas sexuales en la Iglesia. Atendamos nuevamente a Pablo en su primera Carta a los Corintios: "Es cosa pública que se cometen entre ustedes actos deshonestos, como no se encuentran ni siquiera entre los paganos, ¡a tal extremo que uno convive con la mujer de su padre!" (1 Cor. 5,1). De igual modo, un poco más adelante en la misma Carta leemos: "¿No saben acaso que sus cuerpos son miembros de Cristo? ¿Cómo voy a tomar los miembros de Cristo para convertirlos en miembros de una prostituta? De ninguna manera" (1 Cor. 6,15). Por otra parte, encontramos una afirmación notable a modo de resumen en la Carta a los Gálatas: "Se sabe muy bien cuáles son las obras de la carne: fornicación, impureza y libertinaje, idolatría y superstición, enemistades y peleas, rivalidades y violencias, ambiciones y discordias, sectarismos, disensiones y envidias, ebriedades y orgías, y todos los excesos de esta naturaleza. Les vuelvo a repetir que los que hacen estas cosas no poseerán el Reino de Dios" (Gal. 5,19-21). Sobra decir que Pablo no habría enumerado estas malas conductas si no hubieran estado ocurriendo realmente en aquella comunidad.

Si avanzamos unos cuantos siglos después de los tiempos de Pablo, llegamos a los albores del movimiento monástico en el cristianismo. Personajes como Antonio del Desierto en Oriente, y Benito de Nursia en Occidente, buscaban refugio de un mundo que percibían como irremediablemente corrupto —no perdamos de vista que el "mundo" en cuestión era, al menos en principio, cristiano—. Por ejemplo, el joven Benito estaba tan escandalizado por la inmoralidad que presenció en Roma mientras estudiaba ahí, que huyó a una cueva en Subiaco. En este lugar aislado empezó a vivir como ermitaño, y quienes se sintieron atraídos por su ejemplo de austeridad pasarían a ser los primeros monjes del movimiento benedictino.

El oficio de Pedro ha sido ocupado a través de los siglos por una serie de hombres santos y realizados, pero también lo ha sido por personajes mucho más cuestionables. Particularmente los siglos X y XI se caracterizaron por su corrupción papal. Quizá el peor pontífice de la historia fue Juan XII, quien reinó de 955 a 964. La perversión de Juan llegó a ser tan sórdida, que los obispos y cardenales solo deseaban destituirlo, por lo que convocaron un sínodo en el que le acusaron de "sacrilegio, simonía, perjurio, homicidio, adulterio e incesto". Cuando se le llamó para defenderse de estos cargos, Juan reaccionó excomulgando a sus acusadores y llevándolos a juicio, cortando la mano de uno de ellos, flagelando a otro, y cortando la nariz y las orejas de un tercero. El papa Juan murió en pleno coito, por una apoplejía, o por la mano homicida de un rival ofendido.

Además de Juan, otros personajes compiten con él por el título al peor papa de la historia, como su sucesor del siglo XI, Benedicto IX. Este hombre se convirtió en papa siendo un laico de poco más de veinte años, beneficiado por influencias e intrigas familiares. Cuando ocupó el trono de Pedro, su vida era "como sacada de una obra de Suetonio... marcada por alegatos de violaciones, homicidios, sobornos, adulterios y sodomía". Un historiador del siglo XIX resume el carácter de Benedicto del siguiente modo: "Parecía como si un demonio del infierno, disfrazado de sacerdote, hubiera ocupado la silla de Pedro y hubiera profanado los sagrados misterios de la religión con sus actos insolentes". Uno de sus sucesores, el papa Víctor III, se refirió a "sus violaciones, homicidios y otros actos indescriptibles de violencia y sodomía", concluyendo que "su vida como papa fue tan vil, tan infecta y tan execrable, que me estremezco de solo pensar en ella".

Mientras consideramos la corrupción de los líderes de la Iglesia, vienen a colación tres figuras literarias: una del siglo XIV, otra del siglo XV, y otra del siglo XVI. Me refiero a Dante Alighieri, el autor de *La divina comedia*; Geoffrey Chaucer, autor de *Los cuentos de Canterbury*; y Erasmo de Rotterdam, autor de *Elogio de la locura*. Cada uno de estos textos es una obra maestra, y cada uno de ellos contiene un verdadero mundo de reflexión e inspiración. A su vez, cada uno expone claramente la estupidez y la decrepitud moral de demasiados clérigos. Recuerden, por ejemplo, cuando Dante envía a numerosos sacerdotes, obispos, cardenales y papas, a algunos de los círculos más bajos del infierno, o la malvada imagen de Chaucer ensartando a clérigos en "El cuento del perdonador", o el modo en que Erasmo se mofa de la prepotencia y duplicidad sacerdotal. Cabe recordar que los tres autores eran feligreses devotos pero, al mismo tiempo, los tres estaban dispuestos a levantar la voz cuando los líderes eclesiásticos no vivían conforme a su vocación.

Hubo un papa a comienzos del siglo XVI que fue tan disfuncional a nivel moral, que su nombre se ha convertido en sinónimo de la corrupción institucional. Me refiero a Rodrigo Borgia, quien se convirtió en Alejandro VI tras ser elegido como papa. Durante su carrera clerical, estando formalmente sujeto al voto de celibato, tuvo toda una serie de amantes con las que tuvo al menos diez hijos ilegítimos, incluyendo dos que nacieron durante su papado. A través de sus años activos dentro de la Iglesia, fue reconocido por las dos ofensas clericales características de simonía (comprar oficios eclesiásticos) y de nepotismo (favorecer injustamente a su familia). Al igual que otros papas del periodo renacentista, Alejandro también fue un personaje militar despiadado, que libró guerras por toda Italia. Murió en 1503, quizá de una forma acorde con su vida, tras ingerir vino envenenado. El tercer sucesor de Alejandro fue el hijo del gran humanista florentino Lorenzo de Medici, y tras su elección tomó el nombre de León X. León, quien era un libertino sensual, adoraba la comida suntuosa, los vinos más finos, los banquetes, las juergas, y especialmente la cacería. Aunque la Iglesia estaba enfrentándose a la crisis de la Reforma protestante, León permaneció absorto en distracciones y diversiones triviales. Se reporta que poco después de su elección dijo: "Dado que a Dios le ha parecido bien darnos el papado, disfrutémoslo".

Evidentemente hay mucho más que se podría incluir en este apartado de la corrupción eclesiástica, pero querría enfocarme particularmente sólo en un caso más, ya que guarda grandes resonancias con la difícil situación a la que hoy nos enfrentamos. Durante el notable siglo XI, cuando el papado estaba tan mermado, el abuso de jóvenes a manos de clérigos también era exorbitante. Por encima de todos los demás, el hombre que iluminó y levantó su voz con una protesta enérgica fue san Pedro Damián. En el año 1049, Pedro, que en aquel entonces era prior de una ermita en Umbría, dirigió una carta al papa León IX, en la que se quejaba de la corrupción tan repugnante presente en el clero. Sin endulzar nada, fue muy específico: "El sucio cáncer de la sodomía está propagándose realmente entre los clérigos y, al igual que una bestia salvaje, avanza furiosa con descarado desenfreno por el rebaño de Cristo".

Por el término "sodomía" Pedro Damián se refería a toda una gama de conductas homosexuales, pero lo que más le disgustaba era la depredación sexual de jóvenes por parte de clérigos mayores, así como la actitud laxa de los superiores religiosos que sabían sobre estas atrocidades y no hacían nada para detenerlas. Afirmaba que incluso algunos sacerdotes ofensores elegían a confesores compasivos que minimizaran el pecado y les asignaran penitencias leves. A estos últimos, Pedro Damián dirigía estas palabras: "Escuchen, superiores inútiles de clérigos y sacerdotes. Escuchen, e incluso si se sienten seguros de sí mismos, tiemblen de solo pensar que son cómplices de la culpa de otros, aquellos que se hacen de la vista gorda ante los pecados de sus subordinados que necesitan corrección, y a quienes con un silencio mal entendido dan licencia para pecar". Sin embargo, por quienes siente mayor desprecio —y cuán sorprendentemente contemporáneo suena esto— es por los obispos que tuvieron conductas sexuales con sacerdotes y seminaristas jóvenes: "¡Qué cosa más vil, merecedora de un diluvio de lágrimas amargas! Si quienes aprueban a estos malhechores merecen morir, ¿qué castigo sería apropiado para quienes cometen estos actos absolutamente desdeñables con sus hijos espirituales?". San Pedro Damián se remite a la metáfora radical de la paternidad espiritual, y concluye que todos estos abusos equivalen a una especie de "incesto espiritual" —como si los padres estuvieran depredando sexualmente a sus propios hijos—. Al leer este *cri de cœur* de hace mil años atrás, puedo experimentar el mismo enojo legítimo, la misma frustración espiritual, la misma tristeza existencial que percibo hoy en día entre tantos católicos.

Ahora bien, nada de este recuento histórico pretende ser una excusa, mucho menos una justificación, de la perversión que vemos hoy en la Iglesia. Más bien, su objetivo es colocar en un contexto más

amplio lo que podríamos percibir como distintiva-
mente monstruoso. Ya hemos estado aquí; y hemos
sobrevivido. Diré más al respecto en el capítulo
final, pero una época de crisis no es el momento de
abandonar la Iglesia; es el momento de permanecer
y luchar, justo en el mismo espíritu que san Pedro
Damián.

CAPÍTULO 4

Por qué deberíamos permanecer

*E*n el capítulo sexto del Evangelio de Juan encontramos una escena de radical importancia. Tras escuchar las palabras del Señor sobre la Eucaristía, estas resultan demasiado duras para los seguidores de Jesús, y la mayoría lo abandona: "Desde ese momento, muchos de sus discípulos se alejaron de él y dejaron de acompañarlo". Volviéndose a los más cercanos a él, al pequeño grupo de sus apóstoles más fervientes, Jesús les dice simple y llanamente: "¿También ustedes quieren irse?". Todo el futuro del movimiento cristiano queda suspendido mientras Jesús espera una respuesta. Finalmente, Pedro alza la voz y dice: "Señor, ¿a quién iremos? Tú tienes palabras de Vida eterna" (Jn. 6,66-68). Evidentemente, aunque el contexto actual es diferente, prevalece el mismo principio fundamental: si en Jesús hemos encontrado vida eterna y salvación, así como la respuesta a los deseos más profundos de nuestro corazón, entonces por difíciles que se pongan las cosas, independientemente de cuántos compañeros nuestros se alejen, hemos de permanecer.

Como ya revisamos, Pablo habló sobre el tesoro guardado en recipientes de barro. No creo que nadie que haya leído hasta este punto, dude que haya tomado realmente en consideración cuán frágiles y quebrantados son y han sido estos recipientes. Podemos percatarnos de ello si observamos nuestra situación actual; es evidente si dirigimos la mirada al pasado en las Escrituras; es imposible que lo pasemos por alto si analizamos los veinte siglos de historia de la Iglesia. Permanecemos por el tesoro.

En el siglo IV, san Agustín se enfrentó a los donatistas. Estos cristianos afirmaban que los sacerdotes y los obispos que habían desertado a la Iglesia durante tiempos de persecución, y que posteriormente regresaban a ella, no eran dignos de administrar los sacramentos. Percatándose de que la propia integridad de la Iglesia estaba en juego, Agustín alzó la voz con una protesta elocuente, sosteniendo que los sacramentos seguían siendo válidos a pesar de la indignidad de las manos que los ofrecían. Este gran maestro de la Iglesia nunca negó la seriedad de la ofensa moral en cuestión, pero, en contraste, insistió en que, a pesar del pecado de los ministros, aún prevalecía la gracia de la que estos eran mediadores.

Durante este breve capítulo, me gustaría exponer el tesoro de la vida de Cristo que está presente en la Iglesia y a través de ella. Evidentemente, a pesar de que este no será un tratado teológico detallado, pretendo que sea una especie de himno, un poema, una celebración. Aunque es cierto que hoy en día debemos juzgar con dureza la maldad de la Iglesia, también hemos de contemplar la belleza, la veracidad y la santidad ofrecidas por ella misma. Todos los recipientes son frágiles y muchos de ellos están completamente rotos; pero no permanecemos por los recipientes: permanecemos por el tesoro.

Antes de llegar al núcleo de este capítulo, permítanme hacer una declaración contundente: nunca hay una buena razón para abandonar la Iglesia. Nunca. ¿Hay acaso buenas razones para criticar a la gente de la Iglesia? Muchísimas. ¿Hay acaso razones legítimas para irritarse ante la corrupción, la estupidez, la ambición, la crueldad, la avaricia y la mala conducta sexual por parte de los líderes de la Iglesia? Evidentemente. Pero, ¿hay alguna razón para darle la espalda a la gracia de Cristo, en quien encontramos la vida eterna? No. Nunca, bajo ninguna circunstancia.

La primera dimensión del tesoro que quiero presentar sería esta: la Iglesia habla de Dios. A nadie le sorprendería el hecho de que vivimos en una época en la que el secularismo está aumentando dramáticamente, al menos en Occidente. Por primera vez en la historia de la cultura, enormes franjas de la población están explícita o implícitamente negando la existencia de Dios, pretendiendo que la plenitud puede lograrse a través de los bienes y las experiencias de este mundo. Hace no más de cincuenta años prácticamente nadie en los países occidentales lo hubiera creído, pero ahora hay verdaderos ejércitos de personas, especialmente entre los jóvenes, que dan esto por sentado. Esta indiferencia está causando un daño irreparable pues, como san Agustín nos recordara hace tanto tiempo, nuestros corazones están diseñados para Dios y, por ende, seguirán inquietos hasta no descansar en Él. La mejor prueba de esto es que nada en este mundo —ninguna cantidad de dinero, sexo, placer, poder o estima— logra saciar perfectamente los deseos del alma. Y, como C. S. Lewis insistía, reconocemos con dolor esta verdad precisamente en los *mejores* momentos de la vida, cuando hemos visto realizados nuestros mayores sueños mundanos y aun así seguimos insatisfechos. San Juan de la Cruz comparaba el deseo incondicional del corazón con cavernas infinitamente profundas. No importa la cantidad de bienes finitos que arrojemos en estos abismos, nunca lograremos llenarlos. Como cantaba el Salmista, nuestras almas solo pueden descansar en el Dios infinito.

Ciertamente, una de las razones por las que la depresión crónica parece acosar a tantas personas hoy en día, es la pérdida de un punto de referencia trascendente. El filósofo Charles Taylor habla de un "yo obliterado" —lo que equivale a decir que el yo se ha quedado encerrado en sí mismo, divorciado de cualquier contacto con lo que ocurre más allá de este mundo—. El hecho de vivir en un espacio reducido es mortal para el alma humana. Es como si forzáramos a que un águila ocupara una jaula diminuta. La Iglesia, a pesar de sus múltiples fallas, nos habla de Dios, nos habla sobre el Misterio trascendente, sobre aquello que corresponde a los deseos más ardientes del corazón, a la Realidad Última —y esta palabra, especialmente hoy en día, es como agua en el desierto—. A los padres de familia católicos, legítimamente preocupados por sus hijos e hijas que se ven forzados a empaparse en la acidez del secularismo y del materialismo, les digo: "¡No abandonen la Iglesia, pues es una de las pocas instituciones que quedan en nuestra sociedad para hablar de Dios a sus hijos!". Tanto en la cultura popular como en la cultura letrada, la ideología secular cada vez gana mayor fuerza, y somos testigos de cómo en las universidades la postura típica es un ateísmo agresivo. Permanezcan en la Iglesia, pues en su mejor faceta orienta correctamente al corazón deseoso.

Un segundo aspecto del tesoro: la Iglesia es el Cuerpo Místico de Jesucristo. De acuerdo con la antigua fe, Jesús no es un profeta entre muchos, ni tampoco un simple mensajero de Dios; más bien, es "Dios de Dios, Luz de Luz, Dios verdadero de Dios verdadero". En él se unen dos naturalezas, la divina y la humana. Aunque esta última fórmula podría parecer un tanto abstracta, lo que transmite es una verdad fundamental y existencialmente atractiva, a saber, que en Jesús la divinidad y la humanidad se unen. En otras palabras, lo que el corazón desea —la unión real con Dios— ocurre en él a nivel personal y de un modo pleno. Lo que la Israel del Antiguo Testamento esbozaba a través del Templo sagrado, la predicación de los profetas, la Ley y las Alianzas —una verdadera reconciliación con Dios—, en Jesús es ya un hecho patente. Él es el Dios fiel que, de modo final y definitivo, se encontrará con la fiel Israel y, por lo tanto, es el salvador de la raza humana. La palabra "salvador" deriva del latín *salus*, que significa salud. A través de la humanidad perfecta de Jesús, Dios "salva" o sana a la humanidad quebrantada; las grandes obras de Jesús ejemplifican esto maravillosamente cuando devuelve la vista a los ciegos, el oído a los sordos, la movilidad a los paralíticos, cuando devuelve a la vida a los muertos.

Jesús no enseña simplemente como una persona sabia entre muchas otras, sino como la Verdad divina manifestándose a sí misma a través de palabras humanas y por medio de una voz humana. Así, al escucharle, desaparece de nuestras mentes la obscuridad, que es efecto del pecado; nuestros hábitos, instintos y modos de percibir, que fluyen de nuestro egoísmo, quedan transformados. Las primeras palabras de Jesús en el Evangelio de Marcos son *metanoiete*, generalmente traducido como "conviértanse" (Mc. 1,15). Pero esta palabra literalmente significa "ir más allá de nuestra mente". Por su parte, san Pablo exhorta a los primeros cristianos a que "tengan los mismos sentimientos de Cristo Jesús" (Fil. 2,5). Así como las ovejas responden con entusiasmo a la voz del pastor, de igual modo los hombres y las mujeres a lo largo de los siglos han respondido a la voz de Jesús, el predicador. En muchas representaciones icónicas de la Última Cena, san Juan, el discípulo amado, aparece recostado sobre el pecho de Jesús, con su cabeza alineada justo bajo la cabeza del Maestro. Desde ahí percibe el mundo desde el mismo ángulo que el Señor, y comparte la mente de Cristo, pues ha pasado muchos años escuchando a Jesús.

En el clímax de su vida, Jesús murió en una cruz romana, un instrumento de tortura de exquisito diseño. ¿Qué le condujo a ese final? Debemos entender que Jesús es constantemente presentado en los Evangelios como un guerrero y como un rey. Es amenazado desde los primeros momentos de su vida, pues sabemos que Herodes, ante el que toda Jerusalén temblaba de miedo, intentó deshacerse de él. Desde el comienzo de su ministerio público es enfrentado por sus enemigos: los demonios que gritan al reconocerle; los escribas y los fariseos —que salvaguardaban oficialmente el sistema religioso— conspiran contra él para humillarle y luego darle muerte; las personas ordinarias le tildan de loco, borracho y alborotador. Pero él lucha, no con las armas del mundo o recurriendo a las estrategias de los gobernantes mundanos, sino con compasión, con misericordia, sin violencia, con los modos y actitudes característicos de lo que él llama "el Reino de Dios", el modo divino de ordenar las cosas.

Era inevitable que llegara el clímax de la lucha entre el Reino de Dios y lo que el Evangelio de Juan llama "el mundo". Como predijo el profeta Zacarías, tan sólo una semana antes de su muerte Jesús entró en Jerusalén como un rey, y fue vitoreado por multitudes que le adoraban. Pero cuando hizo alboroto en el Templo, juzgando el lugar más santo de Israel, despertó contra él una feroz oposición tanto entre los judíos como entre los romanos, siendo que los primeros le acusaron de blasfemo, y los segundos de sedición. Camino hacia su ejecución se enfrentó a la estupidez, a la injusticia institucional, al odio, a la crueldad, a la traición, a la negación, a ser tratado como un chivo expiatorio, y a una escandalosa violencia —con toda la obscuridad del mundo caído—. Cuando colgaba de la cruz, experimentando un dolor insoportable (literalmente "excruciante", *ex cruce*, desde la cruz), abandonado por sus amigos, al límite de la agonía física y psicológica, clamó: "Dios mío, Dios mío, ¿por qué me has abandonado?" (Mt. 27,46). La vertiginosa afirmación del cristianismo sigue siendo la misma: no deberíamos ver en él sólo a un hombre acusado, ni simplemente a un mártir heroico, sino al propio Dios, que ha llegado al límite del abandono de Dios. Y desde ese corazón obscurecido, suplicó: "Padre, perdónales, porque no saben lo que hacen" (Lc. 23,34). Esto señaló el momento en que toda la negatividad del mundo fue engullida por la siempre mayor gracia de Dios, el momento en que el poder del pecado fue quebrantado.

Pero, ¿con qué garantía afirmamos que esto no se reduce a la historia de un héroe con un final trágico? Podemos hacerlo por lo que ocurrió en el tercer día después de esa terrible ejecución. Al ir al sepulcro en la madrugada del domingo, algunos de sus discípulos no encontraron el cuerpo de su Señor. Mientras se preguntaban qué podría significar esta ausencia, le vieron. No era un fantasma, ni una fantasía, sino *él mismo*: el mismo Jesús al que conocían, con quien habían comido y bebido, quien les había fascinado con su predicación y les había curado de sus enfermedades, quien había recorrido con ellos los caminos de Galilea y de Judea —ese mismo Jesús estaba vivo, y estaba presente ante ellos—. Muchas personas de aquel entonces, habiéndose formado bajo la tradición filosófica griega, hubieran creído en la inmortalidad del alma, pero los primeros cristianos no afirmaban que el alma de Jesús se hubiera ido al cielo. Muchos judíos de aquel entonces creían que los muertos resucitarían físicamente al final de los tiempos, pero los primeros cristianos no se estaban refiriendo a la resurrección general al final del mundo. Lo que estaban describiendo era la resurrección corporal y la glorificación en el tiempo de su amigo y Señor. En una palabra, esto significaba que todo había cambiado. El mundo antiguo estaba destruido, porque ahora sabían que el amor de Dios es más poderoso que el odio, que la crueldad, que la injusticia y que la violencia. Todavía más maravilloso e inquietante fue darse cuenta de que la propia muerte había sido vencida. La muerte, que siempre se había cernido como una nube obscura sobre toda la vida humana, que había acechado a la raza humana desde el inicio, que había sido empleada por todos los tiranos de la historia para intimidar y manipular a sus súbditos, era ahora un enemigo derrotado.

Esto explica la extraña relación de estas personas con la cruz de Jesús. La cruz romana tenía por objeto aterrorizar a la gente y someterla. Los líderes políticos romanos amenazaban a quienes se pusieran en su contra, afirmando que les colgarían, desnudos, en un instrumento que garantizaría una muerte lenta, dolorosa y tremendamente humillante. No es ningún accidente que las autoridades colocaran las cruces en lugares muy públicos, pues la intención era que fueran vistas. Si algo simbolizaba el terror, la crueldad y la violencia del mundo corrompido, este terrible objeto lo hacía. Pero los primeros cristianos, seguramente desconcertando a quienes los veían como si estuvieran al borde de la locura, ostentaban la cruz, hablaban de ella y la celebraban. Es difícil olvidar la extraña afirmación de san Pablo: "Al contrario, no quise saber nada, fuera de Jesucristo, y Jesucristo crucificado" (1 Cor. 2,2). A grandes rasgos, esto equivaldría actualmente a alguien que afirmara que su único fin es proclamar a un criminal que fue ejecutado con una inyección letal. Si hacían esto solo podía ser porque estaban completamente convencidos de que la resurrección había acabado con el poder de la cruz y todo lo que esta representaba, y que había vencido al mundo que posibilitaba este poder. Me atrevería a decir que la ostentaban como una especie de provocación: "¿Creen que nos asustan? ¡Dios es más poderoso!".

Gran parte de esto podría resumirse en una frase que encontramos frecuentemente en los labios y escritos de san Pablo: "Jesucristo es el Señor" (Fil. 2,11). En la cultura de aquel tiempo y lugar, el César era considerado el Señor —es decir, a quien se debía lealtad definitiva—. Sin embargo, los primeros seguidores de Jesús resucitado sabían que su resurrección había destruido la supremacía del César y de sus colegas e imitadores a través de los siglos. Ahora, en cambio, a quien se debía lealtad definitiva era a Jesús, a quien el César había asesinado y a quien Dios había resucitado. No es de sorprender que, de acuerdo con la narración de Mateo, la muerte de Jesús estuviera acompañada de un terremoto, pues la cruz de Cristo representó el verdadero estremecimiento del antiguo orden. A su vez, en el relato de Juan encontramos una deliciosa ironía, a saber, el hecho de que Poncio Pilato, el representante del César en Palestina, haya mandado colocar sobre la cruz del Señor unas palabras que pretendían ser una burla pero que, de hecho, acabaron siendo una rotunda declaración: "Jesús de Nazaret, Rey de los judíos" (Jn. 19,19).

Unos cuantos párrafos arriba mencioné que la Iglesia es llamada el Cuerpo Místico de Cristo. Esta caracterización implica que la Iglesia no es la "Sociedad de Jesucristo", una especie de agrupación de personas que comparten un mismo pensar y que recuerdan con cariño la vida y obras de una figura histórica distante, como la Sociedad Internacional de Churchill. Se trata de un organismo, y no de una organización. Quienes se han arraigado a Jesucristo son ahora sus ojos, sus oídos, sus manos, sus pies, y su corazón, a través de los cuales Jesús sigue realizando su obra propiamente subversiva y recreadora en el mundo.

Esto nos dirige al tercer aspecto del tesoro: el Espíritu Santo. Los primeros seguidores de Cristo resucitado sintieron que habían sido habitados por el Espíritu de su Señor, quien los ayudaba a levantarse, les inspiraba valor, y soplaba a través de sus palabras y acciones. En los Hechos de los Apóstoles leemos que el Espíritu fue enviado a la Iglesia por Jesús después de su ascensión. No debemos pensar en la ascensión de Jesús como si él se hubiera marchado sino, más bien, como si al igual que un general que comanda el campo de batalla, hubiera asumido un lugar ventajoso desde el cual dirige las operaciones de su Iglesia. Se trata del mismo Espíritu Santo que, a través de la historia de la Iglesia hasta nuestros días, da vitalidad y energía al Cuerpo Místico.

Y ahora que hemos hablado del Espíritu Santo estamos listos para presentar una cuarta dimensión del tesoro: la extraña doctrina de la Trinidad, que presenta al único Dios como una unidad de tres personas. Soy consciente de que esta clase de lenguaje podría parecer demasiado abstracto o simplemente incoherente, pero en realidad describe una verdad que guarda una importancia central y salvífica. El Padre envió a su Hijo único al mundo, hasta los límites del abandono de Dios, y luego, en el Espíritu Santo, devolvió al Hijo a la vida. Pero en su camino de regreso, el Hijo trajo con él, al menos en principio, a todos a quienes había alcanzado en su descenso. Estamos *salvados* precisamente porque el propio Dios se abrió a sí mismo en un acto de amor, el Padre y el Hijo reuniéndonos en el Espíritu Santo. Esta enorme manifestación del amor de Dios refleja, como la Iglesia enseña, una serie de relaciones más esenciales dentro de la propia vida divina. Desde toda la eternidad el Padre pronuncia al Hijo, que es imagen perfecta del Padre; el Hijo y el Padre se contemplan uno al otro y se enamoran uno del otro. El amor que respiran entre ellos es el *Spiritus Sanctus*, literalmente "el santo aliento". Así, como G. K. Chesterton hacía notar, la doctrina trinitaria se reduce a un modo técnico muy preciso de afirmar que Dios es amor. En esta unidad existe un juego entre el amante (el Padre), el amado (el Hijo), y el amor compartido entre ellos (el Espíritu Santo). Casi todas las religiones y filosofías religiosas defenderían la afirmación de que Dios ama, o de que el amor es uno de los atributos divinos, pero sólo el cristianismo sostiene la extraña afirmación de que Dios es amor. La Iglesia lleva esta verdad al mundo: lo definitivamente real es el amor. No puedo imaginar un mensaje más necesario que este, especialmente ahora.

Como enseña la Iglesia, la vida de Cristo que hemos estado describiendo llega a nosotros a través de los sacramentos, y de este modo toco un quinto elemento del tesoro. El Bautismo, la Confirmación y la Eucaristía nos inician en la vida; el matrimonio y el orden sacerdotal dan a nuestra vida una dirección misionera; la confesión y la unción de los enfermos restauran la vida cuando la hemos perdido. Del mismo modo que comer y beber son necesarios para el cuerpo, los sacramentos son necesarios para la salud del alma. Ahora bien, Tomás de Aquino afirmó que, aunque todos los sacramentos contienen el poder de Jesús, solo la Eucaristía contiene al propio Jesús. Cuando consumimos la Eucaristía recibimos en nosotros a Cristo completo —su cuerpo, sangre, alma y divinidad—, conformándonos a él en el modo más literal posible. Por medio de este gran sacramento somos "cristificados", eternizados, deificados, nos disponemos para la vida más excelsa con Dios. A su vez, como ya revisamos, san Agustín aclaró que la validez de la Eucaristía no es afectada en ningún modo por la inmoralidad del sacerdote que efectúa la consagración. Permítanme decirlo sin rodeos: la

Eucaristía es la razón más importante por la cual deberíamos mantenernos fieles a la Iglesia. No es posible encontrarla en ningún otro lugar; y no puede ser afectada por la perversión ni de sacerdotes ni de obispos.

Quienes se han revestido de Jesucristo, quienes han sido divinizados por medio de los sacramentos, quienes poseen al Espíritu Santo que habita en ellos, quienes se han conformado radicalmente al amor Trinitario, son precisamente a quienes llamamos santos. Todo el propósito de la Iglesia es generar santos, y estos constituyen la sexta dimensión del tesoro. Incluso ahora, mientras somos testigos de la corrupción enfermiza de la Iglesia, y al contemplar la multitud de ejemplos pasados de inmoralidades perpetradas por los líderes de la Iglesia, nunca hemos de perder de vista a los santos, que están presentes en todas las edades y que siguen actuando en el mundo actual. Son luces que brillan en las tinieblas.

Recordemos a san Pablo, quien viajó a toda velocidad a lo largo y ancho del mundo para anunciar el reinado de Jesús, y escribió sobre su Señor con palabras de enorme elocuencia; pensemos en los santos Policarpo, Sebastián, Felicitas,

Perpetua, Lucía e Inés, que dieron testimonio de Cristo con sus vidas; recordemos a san Francisco, el trovador de la Dama Pobreza, que revolucionó la Europa medieval con su osado abandono a la providencia divina; reflexionemos sobre santa Catalina de Siena, quien tuvo una visión mística del cielo y atendió las heridas de los más pobres en la tierra; celebremos a san Francisco Xavier, quien cruzó océanos para proclamar el Evangelio a quienes nunca habían oído hablar de Cristo; pensemos en san Francisco de Sales, quien mostró que incluso las cosas más ordinarias de la vida pueden santificarse; veneremos a san Pedro Claver, quien sirvió a los esclavos africanos que venían al Nuevo Mundo, al grado que su devoción le valió el título de "esclavo de los esclavos"; ensalcemos a san Damián de Molokai, quien se ofreció para atender a los leprosos en Hawái, sabiendo que nunca saldría vivo de aquel enclave en la isla; pensemos en santa Teresa de Calcuta, quien abandonó su ministerio en una escuela relativamente próspera, y se adentró en los peores barrios del mundo para ayudar a los más pobres entre los pobres; recordemos al santo papa Juan Pablo II, quien siendo joven sufrió las atrocidades tanto del nazismo como del comunismo y quien, ya siendo papa, derribó un sistema político infame —sin dirigir ejércitos, sino liberando el poder del Evangelio—.

Entre los santos también encontramos al brillante Tomás de Aquino y al menos sagaz Jean Vianney; al rico Tomás Moro y al paupérrimo Benito José Labré; a la guerrera Juana de Arco y a los pacifistas Nereo y Aquileo; al místico Juan de la Cruz y al activista social Óscar Romero; al rey Luis IX y al humilde portero André Bessette; a John Henry Newman, quien vivió hasta los noventa años, y a Domingo Savio, quien murió muy joven; a Teresa de Lisieux, que pasó toda su vida religiosa en un diminuto convento en un pueblo desconocido, y a Francisca Javiera Cabrini, que cruzó océanos y continentes; a Ignacio de Loyola, que apenas caminaba con dificultad, y a Pier Giorgio Frassati, que amaba escalar montañas. El punto es que cada uno de estos santos, de un modo absolutamente único y personal, nos revela algún aspecto de la belleza y de la perfección de Dios. Ningún santo podría expresar exhaustivamente la santidad infinita de Dios; por eso, Dios genera a los santos del mismo modo en que crea las plantas, los animales y las estrellas: de un modo exuberante y efervescente, con una marcada preferencia por una diversidad salvaje. Evidentemente, todos los santos comparten el hecho de ser amigos de Cristo, y por eso nosotros, que nos esforzamos por profundizar en nuestra propia amistad con el Señor, nos encontramos poderosamente hermanados con ellos. Aunque podríamos estar distanciados de los santos por cuestiones de cultura, de personalidad y, en algunos casos, por verdaderos océanos de tiempo, lo que nos une a ellos es el mejor amigo que compartimos. Esta es la principal razón por la que permanecemos unidos a la Iglesia. Dios sabe que, aunque hay muchísimas personas, incluso entre los líderes de la Iglesia, cuya santidad deja mucho que desear, los santos permanecen como referentes, como modelos y compañeros de camino.

Aproximadamente una semana antes de escribir estas palabras, una encuesta nacional revelaba que, tras estos escándalos, un 37% de los católicos consideraba seriamente abandonar la Iglesia. Entiendo la frustración y la ira que subyacen a esta consideración. Sin embargo, también espero que este capítulo en particular deje en claro que, a mi modo de ver, esta acción no está justificada. A fin de cuentas, no somos católicos porque nuestros líderes sean perfectos, sino porque lo que afirma el catolicismo nos parece atractivo y hermoso. Somos católicos porque la Iglesia nos habla del Dios trinitario, cuya naturaleza es el amor; del Señor Jesús, crucificado y resucitado de entre los muertos; del Espíritu Santo, que inspira a los seguidores de Cristo a través de los siglos; de los sacramentos, que nos comparten la vida de Cristo; y de los santos, que son nuestros amigos en el ámbito espiritual. Este es el tesoro; es por eso que permanecemos.

CAPÍTULO 5

El camino a seguir

*E*l demonio, con la cooperación de muchas personas entre los líderes de la Iglesia, ha producido una obra maestra, y naturalmente muchos, muchísimos católicos están enojados y tentados a marcharse. Aparentemente la Iglesia católica es demasiado corrupta, está demasiado dañada, es demasiado perversa e incompetente. Sin embargo, las Sagradas Escrituras iluminan considerablemente las dinámicas que han generado este problema; la historia de la Iglesia revela que hemos atravesado por situaciones peores y que hemos sobrevivido; y, en el fondo, los recipientes demasiado humanos que contienen la gracia de Cristo no desestiman esta gracia. Si podemos aceptar todo esto, entonces estaremos dispuestos a considerar un camino a seguir. Aunque probablemente sientan todavía la tentación de marcharse, también estarán convencidos de que la mejor opción es permanecer y luchar, especialmente por las víctimas. Habiendo llegado a esta última sección, me gustaría explorar este camino propiamente combativo.

Un primer paso, necesario pero insuficiente, es el de realizar profundas reformas institucionales. Me gustaría hablar clara y positivamente sobre lo que la Iglesia ya ha hecho a este respecto. Tras el primer gran estallido de esta tragedia en 2002, los obispos de los Estados Unidos se reunieron para su asamblea anual de primavera en Dallas. Durante esta reunión de crucial importancia, generaron una serie de protocolos para regular cómo serían tratados los abusos sexuales perpetrados por clérigos católicos. Basta realizar una búsqueda en Internet para encontrar la *Carta para la protección de niños y jóvenes* y todos sus detalles, aunque para nuestros propósitos me gustaría resaltar sólo algunos de sus elementos. En primer lugar, los obispos acordaron una política de cero tolerancia para el abuso sexual de menores. Durante décadas, el liderazgo de la Iglesia había entendido esta conducta como un mero pecado que podía atenderse por medio de oración, consejería espiritual, y quizá un retiro prolongado. Posteriormente, al comprobarse lo inefectivo de esta aproximación, adoptaron un marco psicodinámico de interpretación según el cual diferentes modalidades de terapia, incluyendo la terapia psicológica, resolverían el problema. A decir verdad, muchos obispos en los años setenta y ochenta reasignaron a los sacerdotes infractores, después de que los consejeros psicológicos les aseguraran que estos hombres estaban nuevamente listos para el ministerio. Si consideramos el contexto comprensivo que estaba en boga en aquel momento, quizá estas decisiones parecerían justificadas. Sin embargo, el torbellino y la vorágine del 2002 puso en evidencia que por más terapia que se diera, esta no "resolvía" definitivamente el problema de los abusos sexuales. De este modo, la regla de "una y fuera" se convirtió en la política a seguir tras la reunión en Dallas. De igual modo, cualquier acusación de abuso sexual contra un menor que llegara a oídos de la Iglesia debía ser reportada, sin demora, a las respectivas autoridades civiles.

Un segundo elemento clave de los acuerdos de Dallas se refiere a la revisión de antecedentes, no solo de los sacerdotes, sino de cualquier empleado de la Iglesia católica. Todo el que tenga antecedentes como abusador sexual simplemente no puede ministrar en ningún nivel en la estructura de la Iglesia. Cuando era rector del seminario de

Mundelein, en la arquidiócesis de Chicago, tuve la obligación de presidir el proceso de admisión de todos los futuros estudiantes. Puedo dar testimonio de que se realizaban chequeos de antecedentes criminales, cuidadosos filtros psicológicos, y numerosas entrevistas por las que atravesaba rigurosamente cada candidato. Al convertirme en obispo auxiliar de Los Ángeles, a los pocos días de llegar a la ciudad, me dispuse voluntariamente a que me tomaran las huellas dactilares y a que realizaran una actualización de mis antecedentes.

Un tercer elemento de los protocolos de Dallas es el entrenamiento especializado —nuevamente, para todas y cada una de las personas que trabajan para la Iglesia o que son ministros dentro de ella—, para reconocer las señales de abuso sexual y el procedimiento para reportarlo a la policía.

Quisiera dedicar especial atención al cuarto requisito. Cualquier acusación creíble contra un sacerdote resulta en la suspensión inmediata de su ministerio, así como en la intervención de una junta de laicos cuya responsabilidad será investigar el caso y hacer una recomendación al obispo o arzobispo correspondiente. Este involucramiento de los laicos —competentes en derecho, psicología, investigación criminal, etc.— garantiza que los clérigos no sean simplemente juzgados por otros clérigos, que podrían tener cierto prejuicio a favor de sus hermanos.

Finalmente, se garantiza el cumplimiento de estas normas en cada diócesis o arquidiócesis gracias a la supervisión de la Junta Nacional de Revisión —que, nuevamente, está en su mayoría compuesta por laicos—, que lleva a cabo auditorías constantes.

Podría decir más sobre los protocolos de Dallas, pero estos son sus elementos principales. Y la verdad es que estas modificaciones institucionales *han generado* cambios substanciales. Diversos estudios cuidadosos han revelado que, los casos de abuso sexual a manos de clérigos, alcanzaron su punto máximo en la década de los sesenta y de los setenta, disminuyendo progresivamente después, para luego caer dramáticamente tras 2002, por lo que ahora la cantidad de reportes de nuevos casos es mínima. Jamás negaría ni minimizaría los horrores ya citados del reporte del fiscal general de Pensilvania, pero me parece muy lamentable que los feligreses católicos tendieran a pensar que los terribles ejemplos mencionados en aquel estudio fueran casos recientes. De hecho, de los aproximadamente cuatrocientos crímenes ahí reportados, sólo dos ocurrieron después del 2002.

Tras el escándalo de McCarrick, hubo una demanda general solicitando regulaciones similares para normar el modo en que los obispos reportaban los abusos. Mientras escribo estas palabras, los obispos de los Estados Unidos están refinando precisamente los protocolos de esta índole, a través de la constitución de amplias juntas regionales de revisión dirigidas por laicos, que reciban e investiguen las acusaciones contra los obispos. Nuevamente, estos cambios institucionales no resolverán totalmente el problema, pero representan un paso de enorme importancia en la dirección correcta. Creo que otro movimiento esencial, si la Iglesia quiere realmente impedir que se repitan situaciones como la de McCarrick, será poner en marcha investigaciones formales, tanto de este lado del Atlántico como en Roma, a fin de determinar cómo alguien como Theodore McCarrick, cuyas conductas profundamente perversas eran tan conocidas, logró alcanzar un puesto tan alto en el gobierno de la Iglesia.

A pesar de todo, necesitamos mucho más que protocolos más rígidos, por importantes que sean. Lo que más necesitamos es una reforma espiritual profunda y duradera, que debería comenzar por el sacerdocio. Llegado este punto nadie dudaría de que en el sacerdocio católico hay una grave podredumbre. Con esto no estoy culpando a todos mis hermanos, ni estoy diciendo que todos los sacerdotes sean culpables por igual; no estoy negando que haya verdaderos santos y héroes en las filas del sacerdocio. No obstante, los escándalos de las últimas décadas —los propios crímenes y su encubrimiento— ponen de manifiesto que algo ha salido tremendamente mal. El hecho de que numerosos sacerdotes no sientan suficiente restricción moral cuando se trata de abusar física, psicológica y espiritualmente de algunos de los miembros más vulnerables de sus rebaños, es simplemente inadmisible. También es increíble que un número considerable de obispos creyera que estaban autorizados para reasignar a los sacerdotes infractores de parroquia en parroquia, sin siquiera hacer una mínima advertencia a la gente, poniendo así claramente en grave peligro a los niños. La brújula moral de estos hombres estaba trastornada. Los intentos por explicar la crisis, apelando a que el porcentaje de abusadores entre los sacerdotes es casi igual a la media nacional, tampoco son convincentes. ¿Nos conformaremos con esto? Cuando se trata de integridad moral y espiritual, los sacerdotes deberían ser líderes, deberían ser ejemplos. Poner por excusa el promedio nacional de abusos sexuales es bochornoso.

Por otra parte, deberíamos enfocarnos más allá de los ofensores explícitos, cuestionándonos seriamente sobre la cultura clerical que posibilitó esta clase de abusos y encubrimientos. El relativismo moral, especialmente en lo que concierne a materia sexual, se dio por sentado a partir del Concilio Vaticano Segundo, y esta actitud fue adoptada por muchos dentro del propio sacerdocio. ¿Cuántos sacerdotes y obispos vieron lo que estaba ocurriendo, pero se hicieron de la vista gorda, convencidos de que no les correspondía cuestionar la decisión moral de un hermano? ¿Cuántos sacerdotes y obispos simplemente no tuvieron el valor para hacer una corrección fraterna, especialmente si esto significaba perder a un amigo? ¿Cuántos fueron incluso más lejos, desestimando o perdonando estas expresiones sexuales aberrantes, porque "el Padre ya había renunciado a tanto"? ¿Cuántos sacerdotes y obispos actuaron como David, paseándose por la azotea de su palacio, ordenando que Betsabé fuera llevada a su presencia? Los sacerdotes poseían (y poseen) un gran poder sobre las personas, y este poder puede usarse a favor de enormes bienes o de enormes perversiones. Lo que podría haber sido una autoridad liberadora y dadora de vida, se transformó en una autoridad extremadamente manipuladora. ¿Cuántos obispos y oficiales diocesanos minimizaron los crímenes sexuales, persuadidos de que la Iglesia había dejado atrás su obsesión por el sexo?

Todo esto apunta a la imperiosa necesidad de una renovación del sacerdocio. No considero que deba cambiar ni su estructura esencial ni su disciplina. A mi modo de ver, sería extremadamente ingenuo pensar que la solución sea permitir a los sacerdotes casarse, o que haya mujeres sacerdotes, con tal de mejorar la situación. Todos somos seres humanos caídos, y los hombres célibes no gozan del monopolio del egoísmo, de la estupidez y de la perversión. Más bien, lo que el sacerdocio necesita para revitalizarse es una consagración renovada a sus ideales. Como dijera Fulton Sheen, el sacerdote no se pertenece a sí mismo, sino que le pertenece a Jesucristo. Actúa en la propia persona del Señor, pronunciando sus palabras, atrayendo a las personas a su poder. Consiguientemente, el sacerdote debería estar consagrado a Cristo, debería estar conformado a él en todos los niveles de su ser. Como resultado, su mente, su voluntad, sus pasiones, su cuerpo, su vida privada, su vida pública y sus amistades, todo debería pertenecerle al Señor. Punto. Un sacerdote cuya principal preocupación sea el dinero o el placer, su carrera o su fama, tarde o temprano se derrumbará y causará estragos a su alrededor. La reputación institucional de la Iglesia nunca debería convertirse en el valor supremo de ningún representante de la misma. La institución está al servicio del pueblo de Dios; y si alguno de sus integrantes peligra, entonces deberá actuar, incluso si esto conlleva vergüenza y pérdidas financieras para la institución.

La renovación que necesitamos debería ser incluso más amplia, incluyendo en gran medida a los hombres y mujeres laicos. Al decir esto mi intención no es para nada disculpar a los sacerdotes, ni insinuar que todos compartimos la misma culpa.

Sin embargo, los sacerdotes no surgen del vacío. Provienen, en su gran mayoría, de familias católicas y están (o, al menos, deberían estar) configurados por una cultura católica. Así que, compañeros católicos, este escándalo es *nuestro* problema. Todos los católicos deberíamos concebir este tiempo doloroso como una invitación para redescubrir y profundizar nuestra propia identidad bautismal como sacerdotes, profetas y reyes. Sacerdotes son quienes se han comprometido totalmente con la santidad de la vida; profetas son quienes se han dedicado a la proclamación de Cristo a todos; y reyes son quienes se han decidido por ordenar el mundo hasta donde sea posible según los designios de Dios. ¿Qué indica esto sobre el compromiso sacerdotal de los bautizados de los Estados Unidos, donde el 75% de nosotros habitualmente no asiste a Misa, esa oración que el Concilio Vaticano II describió como "fuente y culmen de la vida cristiana"? ¿Qué significa que la cantidad de personas que buscan el Bautismo, el Matrimonio y la Confirmación en la Iglesia, esté disminuyendo dramáticamente? ¿Qué dice sobre nuestra efectividad profética, cuando los jóvenes están abandonando la Iglesia en manada? Obviamente, se necesitaría un libro entero para explorar este fenómeno complejo, aunque aquí basta decir que hemos (sí, *hemos*) descuidado nuestra obligación de proclamar a Cristo y de hacer atractiva la permanencia en su Iglesia, sumergidos en una cultura cada vez más escéptica y secularista. ¿Qué indica sobre nuestra efectividad como reyes, cuando nuestra sociedad parece estar cada vez más orientada exclusivamente por principios materialistas y egoístas, cuando encuesta tras encuesta observamos que los católicos en mayor o menor medida concuerdan con el consenso secular respecto a la mayoría de las cuestiones morales discutidas hoy en día?

Esta es la conclusión: si queremos sacerdotes más santos, todos hemos de ser más santos. En una ocasión, el cardenal Francis George caracterizó al clericalismo como una actitud que surgía al asumir que el nexo entre el orden sacerdotal y el bautismo estaba roto. Con esto daba a entender que el sacerdocio, entendido con autenticidad, está al servicio de los bautizados, y que no es la prerrogativa de una clase privilegiada. No obstante, su intuición puede interpretarse de otro modo, a saber, que los bautizados son la comunidad de donde surgen los sacerdotes, y que los sacerdotes deberían ser constantemente apoyados por ellos. Laicos mejores y más fuertes darían pie a un sacerdocio mejor y más fuerte, así como a un menor clericalismo.

Como ya revisamos, mientras el antiguo orden cultural de Roma colapsaba en el siglo VI, un joven llamado Benito eligió alejarse de la ciudad, donde había estado estudiando, e hizo su morada en una cueva en el desierto. Ahí habitó durante tres años en comunión con Dios, buscando la perfección de la vida. Al cabo del tiempo otros se unieron a él, y de este grupo original surgió la orden benedictina. Durante siglos los benedictinos re-civilizaron Europa, conservando lo mejor del mundo antiguo, y ofreciendo un marco tanto económico como espiritual para el desarrollo de comunidades y ciudades. En un momento de crisis moral y cultural, Dios inspiró a este hombre para dirigir un movimiento de renovación.

A finales del siglo XII y comienzos del siglo XIII, la clerecía europea estaba marcada por la corrupción, la laxitud y la mundanidad. Demasiados obispos y sacerdotes no vivían sus promesas sacerdotales, y muchas de las casas benedictinas que originalmente habían presentado el Evangelio a la comunidad, y que habían organizado su orden cívico, habían quedado ahora reducidas a meros centros comerciales y de poder político. Fue entonces que apareció en Umbría, en el pequeño pueblo de Asís, un hombre sencillo llamado Francisco, que anhelaba vivir el Evangelio de modo simple, en su forma más radical, abrazando la pobreza, siguiendo el modo de vida propio de un predicador itinerante, con una confianza radical en la providencia divina. A este extraño trovador de Cristo se acercaron docenas, luego cientos, y luego miles de personas deseosas de compartir su vida. Unas cuantas décadas bastaron para que el movimiento franciscano quedara establecido como una fuerza reformadora en todo el Occidente cristiano. Volvió a hacerse patente el claro patrón de la crisis y la renovación.

Tras la Reforma protestante en el siglo XVI, cuando el cristianismo de Occidente quedó amargamente dividido y muchos estaban abandonando la fe católica clásica, un joven llamado Íñigo de Loyola, al igual que su antecesor Benito, se sintió llamado a pasar un tiempo considerable en una cueva, purgándose de sus apegos y aprendiendo a seguir los dictados del Espíritu Santo. Basándose en dichas experiencias, Ignacio (su nombre latinizado) compuso una serie de "ejercicios" diseñados para ayudar a las personas a discernir la voluntad de Dios en sus vidas. Algunos de los que practicaban estos ejercicios formaron una familia alrededor de Ignacio, y de dicha familia creció la orden jesuita, que se expandió con extraordinaria rapidez a lo largo y ancho del mundo católico, y engendró un ejército de poetas, misioneros, evangelizadores y teólogos que atendieron la crisis espiritual de aquel entonces.

Tras la Revolución Francesa, cuando Europa se encontraba en plena agitación política, y cuando la fe estaba siendo atacada por las ideologías tendientes al racionalismo y a la secularización, surgió un grupo de órdenes y movimientos: los Oblatos de María Inmaculada, la Congregación de Santa Cruz, la Sociedad de María, entre muchos otros. Su propósito era predicar, enseñar y evangelizar a aquellos que habían olvidado su catolicismo. Estas comunidades fueron tan fructíferas que muchas de ellas enviaron a misioneros a los puntos más alejados del mundo. De nueva cuenta observamos cómo el sufrimiento y la corrupción detonaron una respuesta del Espíritu.

Se podrían traer a colación muchas otras historias, pero la cuestión es que nos encontramos en uno de estos momentos decisivos. ¿Quién podría negar que el Cuerpo Místico de Cristo ha sido invadido por una corrupción profunda y duradera? ¿Quién sería lo suficientemente ciego como para no percatarse de la necesidad actual y urgente que la Iglesia tiene de una purificación? Y, por lo tanto, ¿quién podría no darse cuenta de que estamos viviendo precisamente un momento para que surjan nuevas órdenes, nuevos movimientos, y nuevas obras del Espíritu? Aunque las reformas que he enumerado hasta ahora son en gran medida clericales, creo que nuestra época exige que los movimientos de renovación integren tanto a sacerdotes como a laicos. Quizá movimientos como Comunión y Liberación, la Alianza para la Educación Católica, el Opus Dei, L'Arche, Cursillo y la *Fellowship of Catholic University Students* (FOCUS), podrían orientarnos sobre cómo concretarlo. Sin embargo, sigue siendo necesario el surgimiento de algo nuevo, algo específicamente adaptado para nuestro tiempo, algo diseñado como respuesta a la corrupción particular que actualmente nos asedia. Ante todo, necesitamos santos que, evidentemente, han de destacarse por su santidad, pero también por su inteligencia, que comprendan la cultura, y que estén dispuestos a probar algo nuevo. Justo ahora, en algún lugar en la Iglesia, hay un nuevo Benito, un nuevo Francisco, un nuevo Ignacio, una nueva Teresa de Calcuta, una nueva Dorothy Day. ¡Su momento ha llegado!

*S*é que muchos católicos están profundamente tentados a abandonar la Iglesia y a unirse a otro grupo religioso, o quizá a formar parte de los sin religión. Pero este no es el momento de irse; es el momento de permanecer y luchar. Si se me permite, me gustaría hacer una última referencia histórica, en este caso a un momento clave de la historia política norteamericana. En torno a la década de 1850, fue muy evidente para Abraham Lincoln que la esclavitud no solo era una atrocidad moral, sino que también era una institución que representaba una amenaza mortal para la democracia norteamericana. Podemos leer sus argumentos a la luz de estas líneas en los grandes discursos en los que debatía con Stephen Douglas, durante la campaña senatorial de Illinois en 1858. Sin embargo, no hay lugar en el que su postura haya quedado mejor plasmada que en el famoso discurso que pronunció ante la Asamblea General de Illinois, justo antes de su nominación al senado: "Una casa dividida contra sí misma no puede mantenerse en pie. El gobierno no puede resistir, de manera permanente, el ser la mitad esclavista y la mitad emancipador".

Esta convicción fue la que llevó a Lincoln, tras ocupar la presidencia en 1861, a aceptar y encauzar una terrible guerra. A la mitad de dicho conflicto, mientras dedicaba un cementerio para quienes habían muerto en su batalla decisiva, Lincoln explicaba por qué seguía luchando: "Hace ochenta y siete años, nuestros padres hicieron nacer en este continente una nueva nación concebida en la libertad y consagrada en el principio de que todas las personas son creadas iguales. Ahora estamos empeñados en una gran guerra civil que pone a prueba si esta nación, o cualquier nación así concebida y así consagrada, puede perdurar en el tiempo". Había muchas personas en el norte que, apelando a las pérdidas en el campo de batalla, y poco o nada persuadidas por la utilidad de la guerra, exigían rencorosamente a Lincoln que se rindiera y que concediera a la Confederación lo que quería. Pero el presidente sabía que con esa lucha se ponía en juego algo más que una victoria militar o el orgullo nacional; sabía que la esclavitud constituía una podredumbre dentro de la democracia norteamericana, como una enfermedad que debilitaba los principios de sus fundadores. Así que, a pesar del dolor, debía luchar.

Soy consciente de que no se trata de una analogía perfecta, pero creo que al menos ilumina un poco la situación actual de la Iglesia. El abuso sexual de jóvenes a manos de algunos sacerdotes, así como la tolerancia mostrada ante estos abusos por algunos obispos, es mucho más que un problema moral; es una podredumbre, una enfermedad, una amenaza que atenta contra los grandes principios de la Iglesia que amamos. Sí, una opción fácil sería abandonarla y huir, renunciando a la batalla. Pero si, como yo, creen en las doctrinas, prácticas y convicciones que mencioné en la cuarta sección de este libro, si creen que es indispensable que el Cuerpo Místico de Cristo prevalezca como una luz para el mundo, entonces elijan la opción de Lincoln: ¡permanezcan y luchen!

Luchen alzando su voz en protesta; luchen escribiendo cartas de reclamo; luchen insistiendo en que se sigan los protocolos; luchen reportando a los perpetradores; luchen persiguiendo a los culpables hasta que sean castigados; luchen rehusándose a quedar satisfechos con excusas patéticas. Pero, ante todo, luchen con la propia santidad de sus vidas; luchen convirtiéndose en los santos que Dios quiere que sean; luchen exhortando a jóvenes decentes a convertirse en sacerdotes; luchen haciendo una Hora Santa todos los días por la santificación de la Iglesia; luchen asistiendo regularmente a Misa; luchen evangelizando; luchen haciendo obras corporales y espirituales de misericordia.

Dios es amor, y ha triunfado a través de la cruz y de la resurrección de Jesús. Por lo tanto, vivimos ahora lo que al final será una divina comedia, y sabemos que los seguidores de Jesús están del lado vencedor. Quizá la mejor forma de ser un discípulo de Jesús ahora mismo sea permaneciendo y luchando por su Iglesia.

Señor Jesucristo, que a través de tu Encarnación aceptaste la naturaleza del hombre, y viviste una verdadera vida humana. Dejando de lado la gloria de tu divinidad, nos encontraste cara a cara asumiendo la vulnerabilidad de nuestra condición humana.

Libre de pecado, aceptaste a los pecadores, ofreciendo el perdón y haciéndote servidor y amigo de los más indignos. Te hiciste pequeño y débil ante los ojos de los poderosos, para glorificar a los pequeños y débiles de este mundo.

Tu descenso a nuestra naturaleza no estuvo libre de riesgos, pues te expusiste a los asaltos de los deseos más obscuros y aterradores de la humanidad caída —nuestra crueldad y miseria, nuestras decepciones y negaciones—. Todo esto culminó en la Cruz, donde tu amor divino fue recibido con toda la furia de nuestra malicia, de nuestra violencia, y de nuestro distanciamiento de tu gracia.

Te ofreciste a nosotros con inocencia y receptividad, y respondimos abusando de tu cuerpo, con humillación y escarnio, con traición y aislamiento, con tortura y muerte. Todo esto lo aceptaste —incluso experimentar el abandono de Dios—. Te transformaste en víctima, para que todas las víctimas desde el comienzo del mundo reconocieran en ti a su defensor. Te adentraste en la obscuridad, para que todos los que cayeran en las tinieblas por la perversión humana descubrieran en ti una luz radiante.

Te rogamos, oh Señor, que sanes a todas las víctimas de abuso sexual. Purifica a tu Iglesia de la corrupción. Haz justicia a quienes han sido agraviados. Consuela a todos los afligidos. Derrama tu luz para que desaparezcan las sombras del engaño. Manifiéstate como defensor de todos los que han sido heridos con tanta crueldad. Que tu juicio recaiga sobre quienes, tras cometer estos crímenes, siguen sin arrepentirse. Alienta a quienes has elegido en la Iglesia para salvaguardar a los inocentes y para actuar en nombre de las víctimas, para que se mantengan vigilantes y persistan celosos en sus tareas. Restaura la fe a quienes les fue robada, y devuelve la esperanza a quienes la han perdido.

¡Cristo la Víctima, a ti clamamos! Fortalece a tus fieles para que acepten la misión que hemos recibido, una misión de santidad y verdad. Inspíranos para convertirnos en defensores de quienes han sido heridos. Danos fuerza para luchar por la justicia. Danos valor para enfrentar los retos por venir. Suscita santos en tu Iglesia, y concédenos la gracia de convertirnos en los santos que quieres que seamos.

Todo esto te lo pedimos a ti, que vives y reinas con el Padre y el Espíritu Santo, un Dios, por los siglos de los siglos.

Amén.

El 37% de los católicos está considerando abandonar la Iglesia debido a la crisis de los abusos sexuales . . .

Este libro puede ser de mucha ayuda.

Ordena más copias de este libro para tus amigos, tu familia o tu parroquia, y accede gratis a los materiales para conversar sobre la crisis de los abusos sexuales visitando:

SufferingChurchBook.com